OSER PARLER DE LA MORT AUX ENFANTS

Olivier Chambon

Préface du Dr Jean-Jacques Charbonier

OSER PARLER DE LA MORT AUX ENFANTS

Approche scientifique et spirituelle

Guy Trédaniel éditeur
19, rue Saint-Séverin
75005 Paris

ISBN : 978-2-8132-0913-9

www.editions-tredaniel.com
info@guytredaniel.fr
www.facebook.com/editions.tredaniel

PRÉFACE

Les médecins français encore en exercice qui osent défendre publiquement l'hypothèse d'une vie après la mort ne sont pas légion. Pour tout vous dire, à part Olivier Chambon et moi, je n'en connais aucun. Ceux qui ont osé franchir la ligne rouge en considérant l'individu en tant qu'esprit incarné ont été rapidement exclus par leurs pairs ou se sont volontairement écartés de leur gagne-pain habituel pour pratiquer une autre médecine, dite « alternative » ou « parallèle ». En l'occurrence, le mot « perpendiculaire » conviendrait mieux à celui de « parallèle » tant il est vrai que les approches holistique et spirituelle sont radicalement différentes – pour ne pas dire opposées – des fonctions de « réparateurs d'organes » imposées par nos structures hospitalières. Bref, si nous sommes les deux seuls rescapés de cette impitoyable sélection ségrégationniste, il n'est pas étonnant que cet isolement nous désigne comme les préfaciers privilégiés de nos ouvrages et que nous soyons désormais devenus de fidèles amis unis par une exceptionnelle complicité.

Cependant, quand j'ai une nouvelle fois demandé à mon confrère d'écrire le texte de présentation du dernier livre que je venais d'écrire, deux grandes surprises m'attendaient. La première est que lui aussi venait de terminer un ouvrage et qu'il s'apprêtait à m'appeler pour me demander de le préfacer. La seconde, encore plus surprenante, est que son livre traitait exactement le même sujet que le mien : expliquer la mort aux enfants ! Ainsi, sans nous concerter, nous avions eu la même idée : nous adresser à nos jeunes pour leur expliquer une autre façon de concevoir la vie et la mort. Stupéfiante synchronicité, non ? Il est probable que nos consciences intuitives se soient branchées à la même source ; un champ d'informations que Rupert Sheldrake qualifierait volontiers de morphogénétique et Ervin Laszlo d'akashique. Peu importe au fond l'adjectif quand on parle de la même chose ; Olivier et moi, nous avons senti que c'était le moment. Là, maintenant, il nous fallait instruire nos enfants de toute cette connaissance sur l'après-vie à la lumière des plus récentes découvertes scientifiques qui viennent bouleverser des siècles de certitudes sur une « mort-néant » qui, comme le précise fort justement l'auteur de ce magnifique livre, ne repose que sur une croyance ancestrale ; une vieille superstition qui a néanmoins la vie dure.

La construction de l'ouvrage est habile. Il peut être lu en urgence, comme un guide pour parents ne sachant que répondre aux questions les plus pressantes de leurs enfants quand il s'agit de disserter sur la mort au moment de la violence d'une situation choquante. Et là, aucune crainte à avoir, le Dr Chambon exerce le dur métier de psychiatre et est donc réputé expert dans le domaine de la psychologie infantile. Il ne risquera donc pas de traumatiser vos petites têtes blondes. Bien au contraire, les réponses qu'il donne sont douces et apaisantes, étonnantes mais authentiques. Pas d'esbroufe ni de prosélytisme. Pas de militantisme scientiste ou religieux. Aucune position dogmatique. Non, rien de tout cela dans son texte qui sera d'un grand secours non seulement pour les enfants angoissés par la mort ou touchés par un deuil récent, mais aussi pour leurs parents qui, désarmés face aux assauts des multiples interrogations qu'ils subiront, ne sauront quoi dire ou quoi faire. Et si ces derniers ont encore des doutes sur les réponses de l'auteur, ils pourront se référer aux divers développements scientifiques donnés en deuxième partie de l'ouvrage, qui attestent et argumentent leur pertinence.

En ce qui me concerne, je valide à 100 % toutes les informations données par l'auteur. Elles sont simples et lumineuses. Elles reposent sur une évidence : l'évidence de l'après-vie. Les scientifiques ont un gros problème : ils ne savent pas communiquer. Ils dialoguent entre eux avec un vocabulaire abscons et sont « infoutus » de rendre compréhensible le fruit de leurs recherches ou de leurs découvertes. Pourtant, s'ils dominaient vraiment leur sujet, ils devraient être capables de l'expliquer simplement avec des phrases et des mots simples. Eh bien non, ils n'y arrivent pas ! Par exemple, je serai convaincu qu'un physicien quantique comprend parfaitement cette science très abstraite lorsqu'il sera en mesure de l'expliquer à un enfant. Pour l'instant, il est vrai que l'on est bien loin d'imaginer cette prouesse dans un futur proche. Avec ce nouvel *opus* destiné aux enfants, le Dr Chambon nous montre avec brio et intelligence qu'il domine parfaitement son sujet. Un livre à la portée de tous ; un livre jubilatoire pour que les générations futures s'ouvrent enfin à une autre réalité. Ouf ! Il était temps. À distribuer dans toutes les écoles pour évoluer vers un monde meilleur.

Dr Jean-Jacques Charbonier

Anesthésiste-réanimateur,
auteur de nombreux ouvrages sur la mort
et les expériences de mort imminente.

INTRODUCTION

Et voici ce que je voudrais vous dire. Nos recherches sur la mort et sur la vie après la mort nous ont donné la certitude absolue que ceux qui ont fait ce passage (les « trépassés ») sont plus vivants, plus baignés d'amour et de beauté que nous ne pouvons l'imaginer. Ils ne sont pas morts vraiment, ils nous ont simplement précédés dans ce voyage que nous aurons tous à faire. Ils sont auprès de leurs anciens compagnons ou des anges gardiens, auprès des membres de leur famille qui les ont précédés. Ils ne peuvent vous regretter comme vous les regrettez, car il n'y a pas de place, en eux, pour la tristesse. Ce qui subsiste en eux, c'est seulement le souvenir de l'affection et des soins qu'ils ont

> reçus, et ce qu'ils ont appris pendant leur séjour ici-bas.
>
> Élisabeth Kübler-Ross[1]

> Je pense que lorsque l'on meurt, ce n'est pas fini. Ça ne peut être fini, parce que selon moi, c'est impossible. Cela continue – on revient juste à la maison. On revient à la maison où l'on était avant que nous ne soyons dans cette vie. Et cette vie est seulement quelque chose où nous sommes pour apprendre quelque chose. Et quand on a appris cette chose, alors on revient à la maison. On revient là où on était avant. Et cette vie, bien sûr, est limitée à une certaine durée. Je parle de la vie extérieure. Mais la vie qui est à l'intérieur est infinie, elle ne finit jamais.
>
> Marc, 9 ans, mourant de leucémie,
> *in* Kenneth Ring[2]

Chers parents ! Vos enfants ont été confrontés à la maladie grave ou à la mort d'un proche. Ou bien ils sont tout simplement curieux et se

1. *La Mort et l'Enfant*, 1986.
2. *Lessons from the Light*, 1998.

posent des questions philosophiques sur la vie et la mort. Ils vous demandent ce que cela veut dire de mourir, ce qui nous attend après la mort, et vous êtes hésitants ou gênés pour répondre. La mort semble encore un sujet effrayant, un tabou dans notre société. Et puis on ne veut pas dire à nos chérubins des bêtises ou leur inculquer des croyances dont on n'est pas sûrs, ou même leur dire des choses qu'ils risquent de mal prendre. Alors comment faire face à leurs questions à la fois innocentes et directes sur un tel sujet ? Heureusement, il est possible d'entamer une discussion et d'apporter des réponses sensées et étayées par des faits constatés empiriquement par des chercheurs du monde entier. Et vous serez sûrement surpris de découvrir que les conclusions de ces recherches sont en faveur de l'existence d'une après-vie pour la conscience individuelle, et indiquent que l'amour est plus fort que la mort. Science et spiritualité sont en train de se rejoindre grâce aux travaux effectués sur le processus de la mort !

Ce livre est composé de deux parties : la première donne les réponses les plus scientifiquement probables aux questions que vos enfants[3] peuvent vous poser sur la mort, dans

3. Dès que l'utilisation de la parole est suffisamment possible, de trois ans (en adaptant le langage) à l'adolescence.

un langage simple et direct ; la deuxième partie contient un détail des données scientifiques étayant ces réponses, pour que vous sachiez que vous n'allez pas raconter des « salades » à vos enfants, ni transmettre des croyances ou une religion, mais bel et bien un savoir scientifiquement validé.

En effet, grâce aux travaux scientifiques menés ces quarante dernières années sur ce qui se passe juste avant, pendant, et après la mort (et que l'on appelle « phénomènes périmortels »), il existe maintenant des réponses précises à donner à vos enfants, rationnelles et fondées empiriquement par les faits. Ces phénomènes périmortels (décrits dans l'annexe 1) peuvent survenir tant chez les enfants (dès la naissance) que chez les adultes[4]. Tous les fondements empiriques des réponses que nous vous proposons de faire à vos enfants sont exposés dans l'annexe 2 à la fin de cet ouvrage. Certains refusent d'évoquer l'hypothèse de la survie de la conscience après la mort en disant que c'est une croyance et que l'on n'a pas de preuve ; au contraire, il y a maintenant beaucoup d'évidences convergentes en faveur de cette hypothèse. À l'inverse, l'hypothèse « matérialiste » selon

4. Ils peuvent donc être expliqués aux enfants mourant de maladie grave.

laquelle le cerveau créerait la conscience, qui disparaîtrait après la mort du cerveau, n'a jamais été prouvée et constitue bel et bien une croyance complètement contredite par les travaux réalisés sur les expériences périmortelles. Les études neuropsychologiques les plus modernes accréditent l'idée que la conscience est indépendante du cerveau, et d'ailleurs, elle se révèle telle lors des expériences périmortelles. Bien sûr, rien n'est « prouvé » totalement et définitivement. Simplement, l'« histoire » de la survie de la conscience (de « l'âme ») est bien plus probable scientifiquement que celle de l'anéantissement de la conscience à la mort du cerveau. Et même si l'on ne pouvait pas totalement prouver la survie de la conscience individuelle, convenez qu'il vaut mieux, d'un point de vue utilitaire, raconter des « histoires » positives et probablement vraies à nos enfants que des histoires effrayantes et probablement fausses, induisant en eux un sentiment d'absurdité de la vie, d'injustice, et de désespoir existentiel.

Les recherches actuelles sur la conscience et le processus de la mort nous montrent au contraire qu'il est important de bien comprendre que nos défunts sont vivants et en bonne santé, dans une autre dimension, à un souffle de nous.

Donc, contrairement aux autres livres sur « la mort expliquée aux enfants » où l'on vous déclare qu'il faut préparer votre enfant au côté définitif et irréversible de l'au revoir avec la vie, et qu'il faut lui enseigner de profiter au maximum de cette vie si courte parce qu'après, c'est le grand néant éternel de la mort, ici, nous ne délivrerons pas cette information erronée. Les données épidémiologiques et scientifiques actuelles indiquent que la mort n'est pas une fin, que la conscience est toujours vivante après la mort du corps, qu'elle peut communiquer avec les vivants[5], et que nous retrouverons les défunts que nous avons aimés au moment de notre propre mort (voir l'annexe 2). Ces découvertes scientifiques ne sont-elles pas plus rassurantes pour nos enfants et ne donnent-elles pas plus de sens à leur vie, qui ne semble donc être en fait qu'un bref intermède dans une trajectoire éternelle ? Comme le dit Kübler-Ross, « notre vie sur Terre n'est qu'une partie – petite, mais la plus difficile – de notre long voyage, dont l'origine est ce que nous nommons Dieu, et dont le terme, la maison de paix, est le retour

5. L'on sait que 25 % des gens ont un contact spontané avec le défunt après la mort d'un membre de leur famille, que cela monte à 50 % quand le défunt est leur conjoint et à 75 % quand le défunt est leur enfant (cf. Chambon et Belvie, 2012).

à Dieu[6] ». Quand on dit à un enfant : « Ton papa est mort, tu ne pourras plus le revoir, c'est définitif, il n'existe plus », on lui raconte en fait des histoires fausses, négatives et traumatisantes, alors que scientifiquement l'on sait que des contacts « vivants » sont possibles avec le défunt, et que celui-ci peut venir nous accompagner au moment de notre mort[7], pour peu qu'il y ait eu une relation aimante entre lui et nous.

Je ne veux pas imposer de nouvelles croyances mais juste vous faire profiter de ce que l'on sait aujourd'hui scientifiquement sur la mort et l'après-vie. Parfois l'enfant peut dire : « Les morts reviennent sur Terre… c'est les fantômes », et il peut s'entendre répondre : « Pfff ! Si les esprits pouvaient revenir, ça se saurait ! » En fait, on sait maintenant, grâce aux travaux scientifiques extrêmement sérieux de Gary Schwartz et de Julie Beischel[8], que les

---

6. « Dieu » que je propose d'appeler ici la Conscience intelligente et aimante qui anime et imprègne le cosmos.
7. Et cela est valable à toutes les étapes du processus du mourir : lors des NDA (*Near-Death Awareness*), NDE (*Near-Death Experience*), EMP (expérience de mort partagée), et ADC (*After-Death Communication*), voir l'annexe 1).
8. Travaux du Winbridge Institute aux États-Unis.

consciences des défunts peuvent apparaître à celles des vivants et communiquer avec elles. La notion de survivance de l'âme n'est donc plus seulement du domaine de la religion, car à présent elle fait aussi partie de l'expérience prouvée en laboratoire.

Il y a également un autre poncif qu'un enfant peut entendre sur le même sujet : « Sur la Terre, on ne peut pas voir ceux qui sont morts, on ne peut les voir que dans les pensées », ce qui est faux, comme l'attestent les enquêtes sur les contacts spontanés avec les défunts[9], où il est montré qu'on peut voir, entendre ou sentir physiquement un défunt.

Lorsque l'on ne prend pas en compte les données scientifiques sur la mort, on se retrouve obligé d'inventer pour nos enfants des « pseudo-philosophies » tirées par les cheveux, aidant à accepter une mort qui paraît alors si définitive et absurde !

9. Voir à ce propos le très intéressant livre des époux Guggenheim (Guggenheim B., Guggenheim J., Elsaesser-Valarino E.), traduit en français et cité en bibliographie, montrant la fréquence importante des contacts spontanés avec les défunts dans la population générale (25 % d'entre nous ont eu ou auront un contact spontané avec un défunt).

Voici un pot-pourri des réponses « politiquement correctes » vis-à-vis de la pensée matérialiste dominante, proposées dans divers manuels[10] :

– « Tout ce qui vit finit par mourir mais les choses qui ne meurent pas ne vivent pas non plus. »

– « Tout n'est pas mort, on a des souvenirs, des photographies, le défunt reste vivant dans notre cœur. »

– « Personne ne sait ce qui se passe quand on meurt : certains pensent que quelque chose de nous continue à vivre, d'autres pensent que la vie commence et finit. »

Ces auteurs ont certainement pensé bien faire en restant prudents, en ne donnant pas de réponse définitive et en laissant les choses ouvertes pour ne pas tomber dans la croyance religieuse et, d'un certain point de vue, ils ont eu tout à fait raison. Simplement, ils ignoraient probablement les travaux scientifiques réalisés sur les expériences périmortelles, certes plus publiées en langue anglaise que française[11].

---

10. Aubinais, 2010 ; de Saint-Mars, 1994 et 2009 ; Ben Soussan et Gravillon, 2006.

11. En français, il existe l'excellent ouvrage du médecin anesthésiste réanimateur, Jean-Jacques Charbonier,

Voici encore quelques exemples de « réponses clichés », provenant de l'idéologie matérialiste[12], cités pour mieux enfoncer le clou sur la façon dont on désinforme involontairement nos enfants vis-à-vis du processus de la mort :

– Quand l'enfant demande : « Pourquoi il faut mourir ? », on lui fait la sempiternelle réponse fataliste : « On naît, on grandit et puis on vieillit et on meurt. La mort fait partie de la vie. Tout est mouvement. »

– Quand il demande : « Mais pendant combien de temps on est mort ? », la réponse « consensuelle » revient à dire : « Le corps est mort et se transforme en poussière pour toujours. »

– Et si l'enfant demande : « Est-ce que l'esprit continue à vivre d'une autre façon ? », la

Les 7 bonnes raisons de croire en l'au-delà (Éditions Guy Trédaniel, 2012), qui ne permet plus de dire : « Je ne savais pas que cela existait ». Voir aussi *Manuel clinique des expériences extraordinaires*, d'Allix et Bernstein, 2009.

12. Le matérialisme est une vision philosophique qui dit que tout n'est que matière. La vie, l'énergie, la conscience ne seraient alors que des sous-produits de la matière. Le tour de passe-passe du matérialisme est d'avoir confisqué la science à son profit aux XIXe et XXe siècles, en faisant croire que seule la vision matérialiste était scientifique, ce qui n'est évidemment pas le cas.

réponse préconisée habituellement est de dire : « C'est un grand mystère… Dans toutes les religions on croit à une autre vie après la mort. Certains croient qu'on revient sur Terre sous une autre forme. »

Dans tous les exemples ci-dessus, on affirme à l'enfant soit qu'il n'y a plus rien après, soit que la survie de la conscience (de l'âme) n'est qu'une croyance, alors que le terme « croire » n'est plus adapté, au vu des dernières découvertes sur les phénomènes périmortels[13].

Avec le modèle matérialiste de « l'extinction de la conscience lors de la mort », l'enfant ne peut que tenir des raisonnements du genre : « La mort, c'est qu'un jour on ne va plus exister, on va être plus rien, pour toujours ; tous les efforts qu'on a faits… plus rien ; tout ce qu'on aime… plus rien ; le vide… je n'arrive même pas à y penser une seconde ! Je hais la mort ! » Et évidemment, l'adulte non informé (ou plutôt désinformé par le modèle matérialiste) risque de répondre des banalités fausses du genre : « Mais

---

13. Voir à ce sujet le très bel ouvrage de l'ancien polytechnicien François de Witt, *La Preuve par l'âme*, 2015, qui réhabilite la notion d'âme en l'étayant des résultats de recherches et des concepts scientifiques les plus modernes, notamment en lien avec la physique quantique.

sans la mort, on ne serait pas nés, il n'y a pas de place pour tout le monde ; la vie, il faut en profiter parce que je crois qu'après il n'y a plus rien, le néant… Le film s'arrête, il n'y a plus rien après, c'est comme avant la naissance… Il faut trouver un sens à sa vie… euh… en travaillant bien à l'école »…

L'enfant peut aussi se dire : « Ce qui est embêtant, c'est de penser qu'après on ne pense plus, on ne peut même pas se dire : "Je suis mort." » En fait, la recherche sur les phénomènes périmortels montre que cette assertion est fausse (voir l'annexe 2) : les récits des gens ayant vécu une expérience de mort imminente[14] ou bien des contacts avec les défunts montrent qu'après la mort physique, on reste bien vivant et qu'on pense même encore mieux, avec une conscience bien plus lucide, avec plus beaucoup plus d'amour et d'humour même…

Dans certains cas, on ne va pas raconter des inepties à l'enfant sur ce qu'est la mort, mais on va faire pire : ne rien lui répondre du tout, ou en tout cas rien qui donne sens à son expérience douloureuse. Quand un enfant est concerné par la disparition d'un proche, la volonté de le protéger est telle qu'on rend son

---

14. Définition de l'EMI (expérience de mort imminente, ou « NDE » chez les Anglo-Saxons) dans l'annexe 1.

deuil plus difficile en cherchant à lui cacher ce qui se passe ou en évitant d'en parler. Pourtant, c'est le rôle des adultes de l'accompagner dans cette épreuve. Cacher à un enfant la mort de quelqu'un qu'il aime, lui dire qu'il est parti en voyage, ça lui fait plus de mal que de bien. Les enfants ont droit à la vérité, à des faits éprouvés, pas à des mensonges ou des paroles faussées. Il nous semble important de bien mesurer à quel point, dans une cellule familiale déjà largement traumatisée par la perte d'un être cher, les relations de confiance peuvent être d'autant plus ébranlées par des discours volontairement mensongers. La famille qui, à ce moment-là, pour assurer sa propre survie et sa pérennité, a un besoin crucial de lien, de vérité, de solidarité, de sécurité… et d'amour peut en être profondément déstructurée.

Le problème majeur de ne pas avoir reçu d'informations scientifiques pertinentes sur le devenir de la conscience après la mort du corps, c'est que cela pousse les parents à répondre aux questions de leurs enfants en fournissant des informations vagues, ambiguës, et sources de confusion ou de malentendus chez eux. Par exemple, si votre enfant vous demande : « Où est mamie maintenant ? » et que vous lui répondez : « Ta mamie est au ciel », cette réponse rend la mort irréelle : il ne peut pas localiser l'endroit où elle est maintenant, il ne peut pas intégrer que sa mort, en tant qu'être physique, est irréversible.

Rappelons-nous les paroles de la chanson « Le portrait » de Calogero (2014), où un enfant se languit de sa maman décédée :

> Il mélange au fond de sa tasse
> Du miel
> Il regarde par le vasistas
> Le ciel
> À chaque fois que passe un avion
> Il se dit que c'est peut-être elle
> Qui passe au-dessus de sa
> maison
> On lui a dit qu'elle était au ciel.

L'autre formule encore plus malheureuse est de dire : « Ta mamie est partie pour un très long voyage ! », car pour arriver à faire le deuil, un enfant doit comprendre qu'un défunt ne reviendra jamais avec son ancien corps. Or, quand on part en voyage, on revient. De plus, si on le ménage en disant : « Ta mamie est partie en voyage », il ne comprendra pas pourquoi ses parents sont si tristes. L'enfant risque d'attendre le retour de la personne aimée sans pouvoir faire le travail de deuil et se tourner vers d'autres centres d'intérêt. Même genre de remarque si l'on dit à l'enfant : « Mamie dort pour toujours. »

Il risque de confondre l'endormissement avec la mort possible et d'avoir, à plus ou moins long terme, des troubles de l'endormissement et du sommeil, et même une difficulté chronique à se détendre intérieurement ; se laisser aller complètement, c'est risquer de mourir, peut croire l'enfant. L'un des meilleurs moyens d'aider votre enfant est de lui parler avec des mots vrais. En résumé donc, ne lui dites pas que mamie est partie, ou qu'elle s'est endormie : il risque d'être paniqué à la seule idée d'aller se coucher, ou d'attendre vainement le retour du disparu. Ce genre de réponses provient tout simplement du fait que croire qu'il n'y a rien après la mort, et que la conscience ne survit pas, rend la mort et son annonce très douloureuse, comme quelque chose d'absurde et qui n'a pas de sens, et incite à inventer des « mensonges réconfortants » qui s'avèrent nocifs finalement.

> Je devais avoir sept ans, quand une voisine est morte. Elle était mère d'une jeune adolescente et d'un garçon de six ans. Le père, démuni, ne savait pas comment présenter les choses à ses enfants. Il a dit la vérité à sa fille, mais a décidé de donner à son fils l'explication suivante, pour ne pas le peiner : « Ta mère est partie pour un long voyage, elle ne reviendra pas. » Raphaël, handicapé mental, a cherché sa mère partout, pendant

des semaines. Il posait des questions à tout le monde : « Pourquoi elle est partie ? Pourquoi elle est partie sans moi ? Elle est où ? Elle ne revient pas, pourquoi ? » Et au bout de quelque temps : « Elle est morte ? » Puis il s'est refermé sur lui-même, dans le mutisme. On ne pouvait plus l'approcher. Tant était grande la rage qu'avait Raphaël de se sentir abandonné et coupable. Mais de quoi… au juste ? De la soi-disant fuite de sa mère ? Du fait qu'elle ne lui en ait pas parlé ?

On voit bien l'absence de sens de cette histoire, non ? Car un enfant sait pertinemment quand on lui ment.

Raphaël le sentait, il le savait, comme tous les enfants à qui l'on cache quelque chose. La famille a déménagé quelque temps après, je ne sais pas comment les choses ont évolué pour Raphaël et sa famille. Ce souvenir m'évoque les questionnements suivants : Comment un enfant se construit-il autour d'un mensonge sur la question de la mort de ses parents ? Comment la conçoit-il, pour lui-même ? Quelles seraient les conséquences psychiques sur son développement ? Et sur celles du futur compagnon et du père qu'il deviendra, une fois devenu adulte ?

Entretien personnel avec Murielle Radix, maman de plusieurs enfants, en mai 2013.

Françoise Dolto nous a appris qu'on ne peut mentir à un enfant sans risquer de le blesser et de lui infliger des séquelles souvent graves. Si difficile la vérité soit-elle à dire, elle doit être dite. Cela amène à parler de la séparation, de la tristesse, de la mort, du sens de la vie, de l'après. À chacun ensuite de moduler sa parole, de trouver ses mots, et aussi de dire les choses les plus justes et informées possibles sur ce que l'on sait sur la mort. Sinon l'enfant va échafauder ses explications à lui, qui risquent d'être bien plus perturbantes et angoissantes que la simple vérité des expériences périmortelles. Ce qui est sûr, c'est que si l'on accepte de parler de la mort avec l'enfant, d'inévitables questions vont surgir, et qu'il peut être intéressant de présenter les réalités maintenant scientifiquement reconnues sur le passage de la mort dans un langage accessible pour lui ; ce livre traite des principales questions posées par l'enfant et des réponses éclairées qui peuvent leur être faites.

Voici à titre d'illustration les mots très simples qui « coulent » spontanément de la bouche d'une mère au moment où elle doit expliquer à sa fille de deux ans et demi que son papa vient de mourir : « Chérie, ton papa est mort. Ça veut dire que tu ne le verras plus, comme tu me vois, moi. Il ne sera plus là le matin ni le soir, ni à aucun autre moment. Tu ne pourras plus le serrer dans tes bras. Son corps, c'est la terre qui va le garder. Mais là, dans ton cœur, il restera toujours. Et moi, je crois que son amour pour toi et la partie de lui qu'on ne voit pas s'en sont allés ailleurs, très haut. Et par la porte de ton cœur, il sera toujours là avec toi, et par là, tu pourras toujours lui parler. »

Ce livre propose des réponses aux enfants de trois à douze ans. Les enfants plus jeunes, quand ils sont touchés par un deuil, ont besoin de réponses ne passant pas par des paroles complexes. Quand l'un des parents meurt, malgré son jeune âge, un bébé a besoin – on pourrait même dire qu'il a le droit – qu'on lui parle, qu'on nomme précisément cet événement, si terrible soit-il : tout simplement parce qu'au moment où son papa ou sa maman, le serrant fort dans ses bras, sanglotera quelques bribes de phrases, même à peine audibles, pour lui dire la mort, l'émotion sera présente. Forte, entière et vraie. Cet échange constituera une pierre fondatrice de l'histoire de l'enfant, du lien qu'il est en train d'établir avec son unique parent vivant. Le fœtus, le bébé, l'enfant, même petit, à travers sa conscience, comprend émotionnellement ce qu'on lui dit. Encore faut-il accepter, en tant qu'adulte, de faire un pas vers lui : en lui donnant des mots, on lui permet d'avoir accès à la compréhension de ce qu'il vit. Des mots pour dénouer les maux. Des mots pour donner du sens.

Le petit de moins de trois ans qui ne voit plus sa maman au fil des jours finira par comprendre qu'elle ne reviendra plus. Seule la répétition peut valider cet état de fait. D'ailleurs, sur ce point, les adultes présentent une réaction tout à fait similaire. Comme si durant les premiers temps, ils ne peuvent pas y croire, ne peuvent pas se résigner…

Certains enfants se montrent très affectés par la maladie grave d'un de leurs parents, du fait des souffrances et des moments de séparation qu'elle implique, puis, après le décès de celui-ci, semblent devenir très sereins. Il s'agit bien souvent d'enfants qui font l'expérience de contacts avec leur parent défunt et sont profondément rassurés à l'idée que celui-ci veille sur eux et est toujours vivant dans l'au-delà (« Je suis remplie de maman », disait un jour une petite fille de onze ans, dans un témoignage rapporté par Nicole Dron[15]).

Mais l'enfant peut vivre encore plus directement la confrontation à la mort, quand il s'agit

---

15. Nicole Dron, 2009.

de la sienne. Morse[16] et Ring[17] ont montré que les enfants très jeunes (deux ans) pouvaient vivre une expérience de mort imminente classique, telle que les adultes la décrivent. Dans le cas d'un jeune enfant confronté à sa propre mort, et demandant : « Qu'est-ce qui va m'arriver lors de ma mort ? », il est donc possible de lui répondre en lui décrivant les composantes de l'expérience de mort imminente (voir l'annexe 1).

Nos enfants apprennent la « biologie » (science du vivant) à l'école ; il est temps maintenant aussi qu'ils y apprennent la « thanatologie » (science de la mort). La reconstruction d'un enfant après la mort d'un de ses proches se passe beaucoup mieux si on lui parle ouvertement de ce qu'est en réalité la mort, et qu'on lui explique pourquoi la mort est simplement un départ vers un autre état de la conscience, libérée des contraintes du corps. Il reste un lien entre la conscience des vivants et des défunts. Ce lien est fait d'amour et de lumière, et tous ont la possibilité de se retrouver après la mort (voir l'annexe 2).

---

16. *Closer to the Light*, 1991.

17. *Lessons from the Light*, 1998.

LES QUESTIONS DE VOS ENFANTS ET LES RÉPONSES « INFORMÉES » QUE VOUS POUVEZ LEUR PROPOSER

C'est quoi la mort ?

« La mort, c'est quand le corps s'arrête de fonctionner, il devient immobile, froid, dur, et il ne reviendra plus à la vie, alors qu'en même temps la conscience se sépare du corps et retourne dans une autre dimension, ce qu'on appelle le monde de l'au-delà. La mort, c'est donc quand la conscience regagne sa liberté et rejoint un autre monde, celui de l'esprit. »

C'est quoi la conscience ?

« C'est la partie de toi-même qui observe tout ce qui se passe en toi, qui reconnaît que tu es en train de penser, qui sent que tu es en train de ressentir, et qui sait que c'est toi et pas une autre personne qui est en train de vivre ce que tu vis. »

Et l'au-delà, c'est quoi ?

« L'au-delà, c'est l'endroit d'où vient notre conscience avant qu'elle n'aille habiter notre corps pour notre vie sur Terre, et c'est là où elle retourne, sa vraie maison d'origine, quand le corps meurt. »

C'est quoi l'âme ?

« C'est la partie de ta conscience qui garde le souvenir de tout ce que tu as fait sur Terre. Ta petite âme[1] est invisible, tu ne peux la voir avec tes yeux. C'est comme un petit soleil plein de couleurs. Chaque petite âme est spéciale et unique. Elle brille de ses propres couleurs et exprime ses qualités bien à elles avec amour. L'âme en fait, c'est ton vrai toi, plein d'amour

1. Cette réponse s'inspire du livre *La Mission de la petite âme* de Francine Grimard, 2013.

et de qualités, parfaite et merveilleuse[2]. L'âme descend dans ton corps quand tu es encore dans le ventre de ta maman. »

Pourquoi l'âme descend sur Terre si, après, de toute façon, on meurt ?

« Parce que l'âme vient enrichir le monde et aussi s'enrichir au contact du monde. Elle a deux missions principales. La première, c'est d'apprendre à aimer dans les conditions si difficiles qui existent sur Terre. La deuxième, c'est d'y apporter et d'y développer ses qualités spéciales. Plus ses qualités y brillent, plus ta petite âme est heureuse. »

Pourquoi est-ce qu'on ne voit pas l'âme si elle existe ?

« Tu as raison de poser cette question, car certaines personnes disent : "Moi, je suis comme saint Thomas, je ne crois que ce que je vois, ce que je ne vois pas n'existe pas." Mais tu sais, il

2. C'est en tout cas comme cela globalement qu'est vécue et perçue l'âme dans les innombrables enquêtes sur les expériences périmortelles (voir l'annexe 2).

y a plein de choses qu'on ne voit pas mais qui existent pourtant bel et bien. La science jusqu'à maintenant, comme elle croyait qu'il n'existait que la matière, n'a pas pensé à développer des instruments pour voir certaines choses non perceptibles directement par nos cinq sens. Mais ça commence à changer : certains scientifiques ont récemment développé des appareils[3] qui montrent qu'en plus du corps physique, et autour de lui, il y a des champs invisibles qui contiennent sûrement une partie de ce que l'on appelle l'âme. »

Mais l'âme ne meurt pas quand le corps meurt ?

« Non, elle ne meurt pas. Tu vois, on pourrait prendre une image : le corps, ce serait comme un poste de télévision, et l'âme, c'est les programmes de télé qu'on ne voit pas mais qui sont toujours dans les airs. Si un jour la télé est cassée, les programmes, eux, existent toujours, et si on réparait la télé, elle les capterait à

---

3. Par exemple pour contacter des esprits ou des âmes de défunts – travaux du professeur Gary Schwartz avec son *soul-phone* (téléphone de l'âme) – ou pour voir le champ électrophotonique dans et autour du corps avec l'appareil d'imagerie du professeur Konstantin Korotkov.

nouveau. Parfois, des gens ont un cœur et un cerveau qui s'arrêtent de fonctionner, et bien des savants ont montré que la conscience et l'âme marchent encore mieux parce qu'elles ne sont plus limitées par le cerveau : le cerveau a besoin de la conscience pour fonctionner, mais la conscience ou l'âme n'ont pas besoin du cerveau pour exister. »

Qu'est-ce qui se passe pendant qu'on meurt ?

Pour les parents, voici une explication que vous pourrez lire telle quelle ou en l'agrémentant de vos propres connaissances. Elle synthétise les dizaines de milliers de témoignages recueillis ces quarante dernières années par des chercheurs du monde entier, auprès de personnes saines d'esprit ayant vécu une expérience de mort imminente[4]. Ce texte est une reprise modifiée du texte du Dr Charbonier[5], meilleur spécialiste français des EMI (expériences de mort imminente).

---

4. Pour un résumé détaillé de toutes ces études, voir mon livre *Expériences extraordinaires autour de la mort*, 2012.

5. *La Mort expliquée aux enfants*, 2015.

« L'esprit (la conscience, l'âme) de la personne qui meurt quitte son enveloppe de chair qu'il a habitée toute sa vie. Il voit son corps et les gens qui sont tout autour. Il flotte un moment au-dessus de cet endroit mais peut décider d'aller ailleurs pour retrouver des personnes qu'il aime. Même si elles sont très loin. L'esprit se déplace plus vite que la lumière. Il peut traverser n'importe quel obstacle sans aucun problème. Il devine les pensées des autres et est capable de tout savoir et de tout comprendre.

Une fois libéré du corps, un bien-être extraordinaire est ressenti. Vient ensuite le passage dans un tunnel sombre au bout duquel surgit une extraordinaire lumière enveloppante. Des paysages magnifiques apparaissent ou des lieux splendides remplis de merveilles.

D'autres esprits viennent accueillir le nouvel arrivant. Ce sont ceux des amis ou des membres de la famille qui sont déjà morts parfois depuis bien longtemps. Les animaux font aussi partie de ce comité d'accueil. L'esprit retrouve tous ceux qui sont déjà morts et qu'il a aimés pendant son passage sur Terre. Il voit défiler l'intégralité de sa vie dans les moindres détails, comme un film passé en accéléré[6]. Il revit toutes ses

6. Cette affirmation est tirée des recherches sur les expériences de mort imminente qui montrent

bonnes et ses mauvaises actions. Il ressent tout le bien et le mal qu'il a faits aux autres comme si c'était lui le bénéficiaire ou la victime de ses actes. Donc il comprend vraiment l'importance de faire le bien et de ne pas faire le mal.

Dans beaucoup de cas, un être de lumière se présente devant l'esprit. Tu veux savoir qui est cet être de lumière ? Dieu ? Un ange gardien ? Ta propre âme ? Ce sera à toi de le deviner le moment venu. Une question te sera posée. On te demandera simplement comment tu as aimé les autres et ce que tu as fait pour eux. L'amour est ce qui est le plus important quand on est de l'autre côté. Ce n'est ni la richesse matérielle, ni la reconnaissance sociale.

Les gens qui ont vécu cela et sont revenus le raconter ont pu le faire parce qu'à un moment donné, des médecins "réanimateurs" ont pu les ramener à la vie. Ces gens racontent alors qu'ils ne sont pas restés dans le monde des morts, mais qu'une frontière est apparue entre un monde d'où on ne revient plus et celui où il est

---

l'existence d'une « revue de vie », où les sujets voient défiler toute leur vie, en 3D, en quelques minutes de temps terrestre, et sont en hyper-empathie, vivent ce qu'ils ont fait aux autres comme s'ils étaient à leur place, et comprennent ainsi le rôle fondamental de l'amour, qui est « plus fort que la mort ».

possible de faire marche arrière pour réintégrer son corps. Tous ceux qui ont pu raconter leur voyage n'ont pu la dépasser.

Le retour à la vie terrestre est pénible. Les gens sont tellement bien de l'autre côté qu'ils n'ont pas du tout envie de quitter ce lieu baigné d'amour. Souvent, les esprits qui entourent la personne qui vit cette expérience d'aller-retour dans l'au-delà doivent vraiment insister pour la faire revenir dans son corps de chair. Certains disent être rentrés dans leur corps comme l'aurait fait une main dans un gant trop étroit ou comme s'il leur avait fallu enfiler une combinaison devenue trop petite, ou encore comme s'ils avaient été poussés dans une piscine d'eau glacée. Bref, on voit dans tous ces témoignages que le retour n'est pas aussi agréable que l'aller ! »

Elle fait quoi, l'âme, après la mort ?

« Après la mort, ton âme prendra un certain temps pour passer en revue tout ce qui t'est arrivé sur Terre et fera le tri : elle gardera tout ce qui a été fait avec amour, gentillesse, tendresse, bienveillance, et compassion envers les autres : c'est un peu ses pépites d'or qu'elle filtre et qu'elle récolte à partir de toute la vie que tu as menée. Pour elle, le plus important, c'est les qualités du cœur que tu as su faire grandir dans ton existence. Elle conserve aussi toute la sagesse et les enseignements que tu as reçus dans la vie sur Terre. Certaines personnes douées – on les appelle des "médiums" – sont capables de parler directement avec les âmes de personnes mortes. Et les âmes leur racontent qu'elles font différentes choses après la mort. Certaines prennent du temps pour se "réconforter" si elles ont eu une vie terrestre difficile. D'autres vont dans des sortes d'"écoles de l'au-delà", et poursuivent leur éducation pour acquérir plus de connaissance, de conscience, et d'amour. D'autres âmes encore poursuivent leur voyage dans d'autres mondes, d'autres univers. Enfin, certaines âmes se remettent dans le corps d'un fœtus pour revenir à nouveau vivre une vie terrestre dans un nouveau corps : on appelle cela la réincarnation. »

Pour les parents, sachez qu'il ne s'agit pas ici du point de vue d'une religion : d'ailleurs, les différentes religions donnent des points de vue parfois contradictoires sur la vie dans l'au-delà. Il s'agit du recoupement de témoignages de différents médiums reconnus, fiables et sérieux, qui font état d'expériences de récits de défunts qui se recoupent avec beaucoup de cohérence (beaucoup plus que les religions elles-mêmes). Vous pourrez d'ailleurs lire avec profit les ouvrages du père François Brune, ou de la médium québécoise Sylvie Ouellet, cités en bibliographie. Concernant plus particulièrement le devenir de l'âme de l'enfant qui meurt, vous pourrez consulter l'ouvrage du très célèbre médium américain James Van Praagh[7], dont les capacités médiumniques ont été testées et validées par le professeur Gary Schwartz, lors de ses études scientifiques sur les contacts avec les défunts. Les très nombreux contacts médiumniques de Van Praagh avec les âmes d'enfants décédés lui ont appris ceci : « Quand les enfants passent dans le monde des esprits, leur âme entre directement dans un royaume de lumière magnifique, fait d'édifices, de parcs, de cours d'eau splendides et d'environnements pittoresques. C'est aussi un lieu d'apprentissage, de jeu et de travail spirituel intense. Lorsque les enfants se réveillent dans leur demeure céleste, ils ressentent un émoi familier parce que, comme toutes les âmes, ils sont morts et *re-nés* maintes et maintes fois. Des auxiliaires spirituels aimants et bienveillants qui les ont d'abord fait passer dans la lumière continuent de les aider au cours de cette période d'adaptation. »

7. Van Praagh, 2012.

Mon petit chat Misti, il avait une âme aussi ? Je le reverrai alors un jour ?

« Oui, nos animaux domestiques ont une âme, comme les humains. D'ailleurs, lors de notre propre mort, certains de nos animaux, ceux qu'on a le plus aimés, peuvent venir nous accueillir[8]. Parfois, certaines personnes vivantes voient leur animal apparaître devant eux, comme si elles le voyaient vraiment, comme s'il était réellement là, alors que cet animal est juste en train de mourir dans une clinique ailleurs[9]. »

Pourquoi le corps meurt-il ?

« Le corps, c'est comme une voiture, et la conscience, c'est comme le conducteur ; quand la voiture a beaucoup roulé, elle s'use et, au bout

8. Assez fréquemment raconté dans les EMI, voir aussi le livre de Charbonier, *La Mort expliquée aux enfants*, 2015.
9. Témoignages recueillis auprès de plusieurs de mes clients, pourtant ni délirants ni mythomanes. On retrouve de manière assez analogue ce cas de figure pour les personnes qui voient apparaître un membre de leur famille devant leurs yeux, puis après un certain temps le voient disparaître, alors que celui-ci vient juste de mourir et que la personne ne le sait pas ou ne pouvait pas s'y attendre (mort accidentelle sur la route, par exemple).

d'un moment, on ne peut plus la réparer, il faut donc s'en séparer ; alors on l'emmène à la casse, le "cimetière" des voitures, mais le conducteur, lui, est toujours vivant ; eh bien quand on meurt, c'est pareil, le corps, malade ou trop usé, ne fonctionne plus, il s'arrête de marcher définitivement, on l'emmène au cimetière, mais la conscience reste vivante et poursuit sa route dans l'au-delà ; parfois même, elle peut plus tard à nouveau revenir sur Terre et prendre un nouveau véhicule, c'est ce qu'on appelle la réincarnation[10]. »

L'image de la voiture et du conducteur permet de bien comprendre les deux instances de l'être et la destination de chacune d'entre elles. Mais l'évocation de la voiture qui termine à la casse comme métaphore du corps physiquement mort risque de faire ressentir le corps comme un déchet et pourrait être vécue comme un manque de respect à l'égard du corps du défunt – toujours investi d'amour (« Oui, mais mon papa, *son corps*, ce n'est pas une voiture ! C'est important pour moi ! Ce n'est pas juste un objet, son corps. Même s'il est mort ! »). En d'autres termes, l'enfant qui vient de perdre son papa est-il prêt, à ce stade, *à accepter en ces*

10. Voir l'annexe 2 et les travaux de Stevenson, 1985, et de Tucker, 2005.

termes le processus de désinvestissement entre le corps de son papa et l'amour qu'il y a déposé ?

On peut donc évoquer avec l'enfant d'autres images qui représentent la séparation de la conscience d'avec le corps, comme le fait d'enlever le vêtement qui nous a donné notre forme humaine et qu'on laisse sur Terre pour continuer notre chemin, « avec un autre corps plus léger que l'air ».

Pour des enfants plus grands, pour des préadolescents, l'image suivante pourrait être utilisée : « Le corps est composé de "briques du vivant", les atomes de carbone, hydrogène, oxygène et azote. On trouve ces particules sur Terre mais aussi dans tout l'univers[11]. Quand le corps physique meurt, et se désagrège lentement[12], les briques du vivant dont il n'a plus besoin pour vivre retournent à la terre, pour que d'autres êtres puissent se constituer et naître à leur tour. Le corps physique, fait de ces briques de matière, est traversé par un courant continu d'énergie et de conscience, que l'on appelle aussi l'âme. L'âme du fœtus, en formant son

11. Hubert Reeves, *L'Univers expliqué en images*, Paris, Seuil, 2012.

12. Grâce à l'action d'autres formes de vie (certains insectes, champignons, bactéries et autres micro-organismes) qui libèrent peu à peu ces briques.

corps dans le ventre de la maman, « emprunte » des briques[13] à la vie. La maman dort beaucoup à ce moment pour que le corps de son futur bébé puisse se construire. Au cours de la vie, le corps s'use et finit par mourir. L'âme quitte ce corps usé, qui n'est plus alors traversé par le courant de la vie, et se désagrège en rendant ces briques à la vie. »

Ou bien, une autre façon encore de formuler les choses : « Tu vois la fleur, devant toi : elle est vivante, elle a une forme physique remplie de matière. Grâce aux éléments qu'elle a trouvés dans le sol, elle a pu se construire pour naître, grandir, vivre et devenir utile aux abeilles qui en font du miel, et peut-être à toi aussi, qui la trouves jolie… Et en mourant, la fleur laisse sa forme sur la Terre. Cette forme va se défaire, et les éléments qui l'ont composée vont être libérés dans la nature, puis ils seront utilisés plus tard par d'autres êtres, pour construire leur propre corps. Tu vois, c'est un peu comme une roue : on prend tous les éléments dont on a besoin pour naître, vivre, grandir, et puis quand on est mort, on les rend à la vie et la vie *s'en ressert* pour qu'ils soient *utilisés* par d'autres êtres, pour créer leur corps à eux. »

13. Elles sont si petites qu'on ne les voit pas à l'oeil nu.

Voici un autre témoignage de Murielle Radix :

> Je devais avoir une vingtaine d'années, lorsqu'un de mes proches, que j'aimais beaucoup, est décédé. Cette personne que j'avais connue pétillante de vie était à présent devant moi, immobile, inerte, le teint grisâtre : « Son corps est là devant moi. OK. Mais cette chose qui l'animait, son souffle, sa lumière, où est-ce donc passé ? » « Où est-ce allé ? C'est plus léger que le corps, donc ça monte. Un peu comme de la vapeur d'eau ; c'est libéré de la pesanteur... mais pour aller où ? » me suis-je demandé. Une seule idée m'a heurté la tête : rien ne se perd, rien ne se crée, tout se transforme. Loi attribuée à Lavoisier.

Papi est mort. Est-ce que je vais le revoir un jour ?

« Oui, tu vas le revoir, peut-être pendant que tu es vivant, il peut t'apparaître en rêve, ou quand tu es dans ton lit, ou même pendant la journée, de différentes façons[14] ; mais aussi lors

---

14. Sur les « contacts spontanés avec les défunts » ou ADC (*After-Death Communication*), voir les travaux des Guggenheim (2011) ; voir aussi les chapitres consacrés à ce sujet dans le *Manuel clinique des*

de ta propre mort, il fera sûrement partie des personnes qui viendront te chercher et t'accompagner dans l'au-delà[15]. »

---

expériences extraordinaires de Stéphane Allix, 2009. Sur les contacts par médiums interposés, testés en laboratoire avec des protocoles en double aveugle, voir les travaux de Gary Schwartz : c'est un grand scientifique, très reconnu aux USA, professeur de médecine, chirurgie, neurologie, psychologie et psychiatrie, ayant fréquenté Harvard et Yale : excusez du peu ! Il est très inventif pour des protocoles expérimentaux originaux montrant l'existence d'une communication possible avec l'âme des défunts (voir ses livres en bibliographie) ; comme il est dit sur la couverture de son livre *Extraordinaires contacts avec l'au-delà* : « Il y a une chance sur cent trillions pour que ce qui est dit dans ce livre soit dû au hasard. » Donc ceux qui sont de bonne foi et capables de comprendre les données très claires recueillies par G. Schwartz ne pourront plus dire : « Je ne savais pas » ni : « Je n'y crois pas » : la conscience des défunts persiste bien après la mort du cerveau, elle est indépendante de lui, et elle peut contacter la conscience des vivants !

15. Voir l'étude internationale d'Osis & Haraldsson E. (1982), et les travaux de l'infirmière Callanan (1992) sur les « visions des agonisants » : il est fréquent que les personnes proches de la mort voient des parents défunts venir les accueillir pour les aider au passage dans l'autre monde.

Mamie qui est très malade, elle va bientôt mourir ? Et moi, si je suis malade, je vais aussi mourir ?

« Oui, on meurt tous un jour, mais on ne meurt pas chaque fois qu'on est malade ; il faut des maladies vraiment graves que la médecine ne peut pas soigner : en moyenne, un homme vit soixante-dix-neuf ans et une femme quatre-vingt-cinq ans. Mais tu sais, on sait maintenant que la mort n'est qu'un passage, une sorte de renaissance pour la conscience qui se trouve libérée des contraintes du corps ; donc en fait, quand on meurt, on vit encore plus pleinement après. »

Est-ce que moi aussi je vais mourir ?

« Tu sais, la seule certitude qu'on ait sur cette Terre, c'est que notre corps va mourir un jour. Ce sera le bon moment qu'aura choisi ton âme pour quitter le corps et faire d'autres expériences ailleurs. Toi, tu seras alors de nouveau en contact très étroit avec elle et tu sentiras très fort comme elle est heureuse de retourner "à sa maison[16]". Sache que l'âme ne meurt jamais, et

16. Terme utilisé assez fréquemment par les personnes ayant fait une expérience de mort imminente, pour

donc que la partie la plus essentielle de toi, celle qui sait que tu es toi, ne meurt jamais. Les gens que tu auras connus sur Terre et que tu auras beaucoup aimés resteront en lien d'amour avec toi : ceux qui sont unis par l'amour le restent toujours et se rencontrent à nouveau au cours des différents voyages de l'âme. »

Est-ce que la mort, ça fait mal ?

« Certaines personnes peuvent mourir sans ressentir de douleur dans leur corps : elles meurent dans leur sommeil, ou meurent tout d'un coup. D'autres personnes ont suffisamment de paix dans leur cœur pour pouvoir quitter la Terre en étant contentes. Elles ont eu le temps d'accepter qu'elles allaient mourir, et elles ont pu ressentir de la gratitude pour la valeur de tout ce que la vie leur a appris et apporté. Elles ont pu dire au revoir à ceux qu'elles aimaient, et demander pardon ou pardonner à certaines personnes avec qui ça ne s'était pas très bien passé dans la vie. Alors elles se sentent toutes légères et peuvent partir le cœur en paix. Mais il y a aussi des cas où le corps peut avoir mal au moment de la mort, à cause de la maladie par

---

lesquelles le retour dans le corps est vécu comme un exil pour l'âme.

exemple. Mais ça ne dure qu'un moment, car il y a beaucoup de médicaments qui soulagent la douleur, le temps de libérer l'esprit du corps. Après, on n'a plus mal. La douleur s'arrête. On ne sent plus rien d'autre qu'un immense bien-être[17]. On est tout heureux, on est libéré. »

À titre illustratif et pour pousser la comparaison jusqu'au bout, vous pouvez aussi utiliser l'image de l'accouchement auprès de votre enfant : « Pour la maman, la douleur permet de regrouper toutes ses forces pour faire sortir le bébé de son corps, pour le mettre au monde sur Terre. Là, c'est un peu pareil, mais dans l'autre sens : la douleur permet de regrouper ses forces pour naître au ciel. » Et là, je pense que l'enfant peut vraisemblablement comprendre : inconsciemment, il sait d'où il vient.

Vous pouvez aussi bien préciser à votre enfant la chose suivante : « Une fois que l'on commence le voyage vers la mort, au contraire, il n'y a plus de sensation de douleur, il y a plutôt une sensation de joie, de paix, de calme, et de sérénité ; parfois aussi, les gens voient des figures spirituelles, des anges, ou des êtres de lumière qui viennent les chercher, les accueillir et qui ont plein d'amour pour eux, plein de

---

17. Comme l'attestent les récits d'expériences de mort imminente, voir les annexes 1 et 2.

compréhension, un peu comme si la mort était un “ange de lumière” qui venait te chercher dans ses bras, pour t’aider à trouver ton chemin dans le monde de l’au-delà, dans le monde de l’esprit. »

Mais qu’est-ce qui se passe alors vraiment quand on meurt[18] ?

« Au moment même où tu meurs, tu vas sentir vraiment que ta conscience quitte son corps[19]. Tu vas sentir que tu t’élèves hors de ton corps et même tu vas voir ton corps mort, allongé, ou même parfois des gens qui essayent de le réanimer, de le remettre à la vie, et toi, tu vas te sentir bien, et à un moment, tu vas apercevoir une sorte de tunnel ou d’ouverture, et dans ce tunnel, tu vas peut-être rencontrer papi ou mamie, ou des gens que tu avais connus et que tu aimais bien qui viennent te chercher, t’accueillir. Au bout du tunnel, tu vas être attiré par une incroyable lumière qui va être pleine

18. La question a déjà été traitée précédemment, tout comme votre enfant risque de vous la poser plusieurs fois. Voici un autre « texte » suggérant une autre façon de répondre dans le même esprit, et toujours basé sur les expériences d’EMI.

19. On appelle cela les NDE ou EMI en français : voir l’annexe 1.

d'amour pour toi et va te révéler le sens de la vie, des choses que tu ne comprenais pas, et même peut-être tu vas revoir toutes les expériences de ta vie passer devant tes yeux[20], les choses bien, les choses moins bien, et tu comprendras alors comme c'était important d'être aimant avec les gens et avec toi-même. Tu vas voir de magnifiques paysages très colorés et pleins de lumière, ce qu'on appelle le "paradis". Et après, tu vas continuer ta route, tu vas passer une sorte de portail et tu vas entrer dans un autre monde où d'autres sortes d'apprentissages t'attendent, une sorte d'école du ciel. Mais même dans les jours précédant ta mort, tu pourras voir des parents ou des amis défunts venir te prévenir que c'est bientôt l'heure de mourir, te faire coucou pour te dire qu'ils seront bien là, à tes côtés, pour t'aider, ou bien tu verras des entités spirituelles, des "anges", venant te faciliter le passage dans l'au-delà, et tu pourras même contempler les beaux paysages célestes qui t'attendent, ou bien entendre de magnifiques musiques, et te sentir très bien[21]. »

---

20. Tout petits, les enfants ne racontent pas avoir vu défiler le film de leur vie, mais à partir de six ans, cela arrive (Van Lommel, 2012).

21. On appelle cela les NDA ou expériences de conscience accrue au seuil de la mort ou « visions des agonisants » (Death-Bed Visions) : voir l'annexe 1.

Et l'au-delà alors, ça ressemble à quoi ?

« C'est comme quand on dit d'un endroit sur Terre que "c'est le paradis" parce que c'est très beau et très agréable à vivre. C'est décrit par les gens qui reviennent de l'au-delà : ceux qui ont été sauvés au dernier moment par les médecins, qui étaient déclarés "morts cliniquement", alors que leur cerveau, leur cœur et leurs poumons s'étaient complètement arrêtés de fonctionner (après vingt secondes d'arrêt cardiaque, le cerveau n'a plus d'activité mesurable). Ces personnes déclarent avoir vu des endroits magnifiques, avec de très belles couleurs, une nature luxuriante avec des paysages, des plantes, ou des animaux très vivants, ou des bâtiments merveilleux et étincelants de lumière. »

Je voudrais voir l'au-delà où est papi !

« L'au-delà, on ne peut pas le voir avec nos yeux. Être sur Terre, c'est comme être sous un mystérieux brouillard. Donc il est difficile de voir ce monde invisible, même s'il est en fait partout autour de nous[22]. Parfois, avec notre

---

22. L'étude des expériences de mort imminente vient appuyer l'idée que le cerveau agit habituellement comme un filtre qui empêche de percevoir ce que l'on pourrait qualifier d'*autres domaines de la réalité*.

cœur, quand nous sommes pleins d'amour, nous pouvons en percevoir un petit bout, nous pouvons alors sentir les lumières aimantes de ce monde merveilleux[23]. »

C'est super la mort, dis donc, ça donne envie d'y aller !

« Oui, c'est super, disons que c'est une bonne nouvelle qu'après la vie il y ait quelque chose de merveilleux qui nous attende. Mais il ne faut pas y aller trop vite : notre âme, notre conscience, ne sera vraiment satisfaite et en paix que si elle a le sentiment d'avoir bien accompli sa vie et sa mission terrestre, d'avoir vraiment fait ce pourquoi elle était venue sur Terre. Alors ça nous permet d'apprécier vraiment le nouveau monde et les nouvelles expériences que l'on va faire après la mort. Mais tu verras, la vie sur Terre est aussi passionnante, il y a vraiment de très beaux moments que tu ne peux pas vivre dans d'autres mondes que la Terre et c'est pour ça aussi que tu y es, parce qu'il y a des apprentissages que tu ne peux pas faire ailleurs. »

23. Réponse inspirée de Francine Grimard, 2013.

Même si ça semble bien, je suis tellement triste d'avoir perdu papi !

« Tu sais, la mort n'est pas une fin mais un nouveau début, c'est la naissance dans un autre monde, celui de la conscience pure. C'est donc en quelque sorte un "événement heureux" pour la conscience de celui qui la vit. Mais la tristesse que tu as de perdre papi est très saine et proportionnelle à l'amour que tu avais pour lui, c'est une réaction tout à fait normale. Quand on perd quelqu'un qu'on aime, c'est comme s'il partait pour un long voyage et qu'on savait qu'on ne le reverra pas avant longtemps : comme on l'aime, on est triste, même quand on sait qu'on le reverra un jour et que lui, il fait un beau voyage. Si tu es triste, bien sûr, tu peux pleurer. Ce n'est pas facile à vivre, le sentiment d'avoir "perdu" ton papi. Cela te fera du bien de laver ton cœur de ta peine en pleurant. Après, tu te sentiras plus léger. Cela prend du temps, tu sais, d'accepter que papi ne soit plus là physiquement. On vit tous cela, les grands et les petits, quand quelqu'un qu'on aimait meurt. Et avec le temps, on a aussi moins mal. Et puis, tu sais je peux t'apprendre quelques petits exercices[24] pour te

---

24. Voir le livre du Dr Charbonier J.-J., *Les 3 clés pour vaincre les pires épreuves de la vie. L'enseignement spirituel des expériences de mort provisoire*, 2013, qui

remettre en contact avec l'âme de papi quand tu auras besoin de ses conseils ou juste pour lui dire que tu penses à lui et que tu l'aimes. »

Pourquoi des personnes jeunes meurent-elles d'accidents alors que leur corps est toujours en bonne santé ? Est-ce que ce n'est vraiment pas de chance ? Est-ce que c'est injuste[25] ? Est-ce qu'il faut être en colère ? Est-ce qu'il faut se sentir coupable d'être survivant ou en colère contre Dieu ou je ne sais quoi ?

« En fait, avant de venir sur Terre, il semble que la conscience soit déjà vivante, et que c'est elle qui choisit ce passage sur Terre. Elle choisit les conditions de sa vie sur Terre, et même le

---

enseigne des méthodes très simples, accessibles à tous et même aux enfants – pas besoin d'être médium – pour entrer régulièrement en contact avec l'âme de nos chers disparus, p. 199-202 notamment.

25. Par rapport à la notion d'« injustice » de la mort, on peut présenter à l'enfant l'hypothèse, tirée des études scientifiques sur la réincarnation (Stevenson, 1985 ; Tucker, 2005), que chacun choisit, avant de naître, dans un « entre-deux-vies », sa propre trajectoire et l'heure de sa mort, le temps pour lui de remplir sa mission terrestre.

moment de la mort et la façon de mourir. Pour elle, quand la mort arrive, c'est que la leçon qu'elle était venue apprendre est finie, qu'il n'y a plus besoin d'être plus longtemps en vie, donc il n'y a rien d'injuste pour l'âme à quitter le corps à ce moment-là. Et ce n'est de la faute de personne. En fait, tout ce qui arrive a un sens[26], et la vie ici sert simplement à apprendre, à évoluer, à savoir aimer. La colère, le sentiment d'injustice et la culpabilité face à la mort de quelqu'un que l'on aime sont des émotions qui viennent d'une mauvaise compréhension de ce qu'est en réalité la mort, mais elles sont presque inévitables, et quand elles sont là, tu as aussi le droit les exprimer. »

Pour les parents, sachez que, d'une manière générale, reconnaître et accepter sans jugement toutes les émotions qui traversent l'enfant pendant la période d'un deuil – déni, colère, nostalgie, haine, effondrement, vide, joie – est très important. Ces émotions sont à respecter et doivent être vécues pleinement, reconnues et

26. Pour les parents, voir à la fin de l'annexe 2 les travaux scientifiques résumés par Gary Schwartz, indiquant que l'univers est pénétré d'une conscience intelligente et ayant un plan, ce qu'il appelle GOD, acronyme voulant dire « conscience qui guide (G de *Guiding*), organise (O de *Organizing*) et conçoit (D de *Designing*) ».

entendues par les adultes (parents, enseignants, médecins), pour être profondément intégrées par l'enfant. Ainsi, il pourra vivre ces émotions et les dépasser, tout en permettant au processus de deuil d'achever l'œuvre de détachement. Si l'enfant reste figé dans une émotion parce qu'on ne lui a pas autorisé de l'exprimer jusqu'au bout et qu'il a dû la refouler, elle risque de surgir de manière beaucoup plus forte et douloureuse lorsqu'un futur événement de même nature (une autre perte) viendra la réactiver.

Pourquoi on meurt ? Ce n'est pas juste ! À quoi ça sert de venir au monde si on doit mourir ?

« La conscience (l'âme) vient au monde pour vivre des choses très intéressantes pour elle, qu'elle ne peut vivre que sur la Terre. C'est une école spécialisée où elle peut apprendre des choses essentielles. Elle emprunte donc l'"habit" du corps pour un certain temps, le temps de son travail d'exploration terrestre, puis quitte cet habit et repart ailleurs, dans des corps non visibles, pour d'autres aventures. Ton âme, quand elle vient sur Terre, a envie d'être heureuse, de faire partager au corps le bonheur qu'elle connaissait déjà d'où elle vient. Donc si tu vis une vie heureuse sur Terre, ça lui ira parfaitement bien pour réaliser au mieux les projets qu'elle a en tête en venant prendre corps ici. L'essentiel, c'est donc que tu sois présent dans ce que tu vis, au cœur de ce qui se passe, que tu fasses des choses bien, que tu donnes de l'amour, que tu en reçoives, que tu réussisses à concrétiser tes passions ! Qu'est-ce qui est important pour toi dans la vie ? Qu'est-ce que tu as envie de faire ? »

Les tout-petits essayent de se représenter ce qu'est la mort. On leur apprend très tôt que tout a une utilité dans la vie : une chaise, c'est pour s'asseoir, un crayon, c'est pour dessiner… Alors ils se demandent d'une manière très pratique et concrète à quoi ça sert de mourir. Mais aussi à quoi ça sert de vivre si on doit mourir. C'est vrai, elle est logique, cette question, non ?

Est-ce que la mort c'est toujours « bien » ou y a-t-il un enfer pour ceux qui ont commis des mauvaises actions ?

« Il n'y a pas besoin d'enfer. Quand tu meurs, il y a un moment où tu passes justement devant une sorte d'"être de lumière" plein d'amour pour toi, et en face de lui, tu vas revoir ta vie et tu vas comprendre toutes les erreurs que tu as faites, et même, tu vas vivre à la place des autres la souffrance ou la joie liées à ce que tu leur as fait.

C'est-à-dire que si tu as fait du mal à un petit copain, tu vas ressentir exactement ce que ton petit copain a ressenti, tu vas comprendre que ce n'était pas bien, et que ce n'est pas quelque chose à faire, qu'il y avait autre chose à faire de plus aimant envers lui. Mais tu verras, l'“être de lumière”, un guide qui va être à côté de toi, ne va pas te juger, il va continuer à t'aimer inconditionnellement. Donc il n'y a pas besoin d'enfer, puisque ta conscience va comprendre ses erreurs et qu'elle va grandir, évoluer. L'“enfer”, c'est l'instant où l'on comprend la douleur ressentie par l'autre, quand on a fait quelque chose qui lui a fait du mal. Ce n'est pas une punition, c'est juste un moment pour nous aider à comprendre, à ressentir les choses, pour apprendre à agir autrement, avec plus d'amour et de conscience. »

J'ai peur de la mort. C'est normal que j'aie peur de mourir ?

« C'est normal, on a toujours peur de ce qu'on ne connaît pas. Moi-même, si je vais sur un grand huit, je sais que je ne risque rien, mais au moment où le chariot s'élève et au moment où il va plonger, j'ai forcément un peu peur, parce que ce sont des sensations très fortes et très nouvelles, même si je sais que ce n'est pas dangereux. C'est normal d'avoir peur de la mort, parce que c'est l'inconnu, et c'est un grand changement de vie auquel on n'est pas préparé, mais justement, les questions que tu poses aujourd'hui et les réponses que je te donne vont te permettre de mieux la connaître et de savoir à quoi t'attendre. La bonne nouvelle, c'est que de toute façon, tu seras aidé lors de ce passage ; tu vas être accompagné, guidé, tu ne vas pas être tout seul. »

Je suis triste parce que papi est mort, mais après, j'ai le droit d'être à nouveau heureux ? Est-ce que c'est mal d'avoir à nouveau envie de rire ?

« Non seulement c'est bien pour tout le monde que tu sois à nouveau heureux, c'est bien pour toi, pour ta famille, mais même, c'est bien pour la personne décédée, parce qu'il y a de fortes chances que sa conscience continue à observer régulièrement ta vie sur Terre, à surveiller ce que tu deviens, et elle est heureuse que tu sois heureux. Sache que ton papi qui est mort, il sera heureux que toi, tu le sois. Cela l'aidera à se sentir encore plus heureux. Et il peut aussi t'envoyer des signes pour te dire : "Coucou, je suis toujours là ! Je t'aime !" Ton cœur saura les reconnaître. Mais tu sais, il est aussi des cas où l'on ne ressent pas de douleur, de tristesse, surtout si l'on ne connaissait pas vraiment une personne, ou qu'on ne l'aimait pas trop. Et cela n'est pas un problème. »

Elle ne va pas m'en vouloir ?

« Au contraire, sache aussi que ton papi, dans le monde où il est, dans le monde de l'esprit, il est très bien, il est de nouveau en forme, il est plus spirituel, il a plus d'humour, il est plus joyeux. S'il a fait des bêtises, il s'en excuse, si on lui a fait du mal, il pardonne. Et il se réjouira de ta joie, il sera heureux que tu retrouves le bonheur. »

Je ne vais pas lui manquer ?

« Non. Tu ne vas pas manquer à papi, pour plusieurs raisons. Premièrement parce qu'il reste en lien avec toi : par son esprit, il peut voir ce que tu fais, te surveiller[27]. Deuxièmement, il

27. La possibilité de contacts réels avec les défunts, notamment par le biais de médiums, a été testée en laboratoire dans des conditions totalement scientifiques, notamment par Gary Schwartz, en 2002 et 2011. Ces contacts montrent que les défunts gardent un intérêt pour nous, nous préviennent parfois de dangers ou de maladies qui

a un travail là-bas, dans cet autre monde, qui l'occupe bien, et, troisièmement, il sait qu'il va te revoir quand tu mourras à ton tour. Et tu sais, là-bas, le temps n'est pas le même qu'ici, le temps passe bien plus vite que sur Terre, il n'aura pas l'impression de t'attendre très longtemps. »

Pourquoi certains disent-ils que quand on meurt, après, il n'y a plus rien, on est enterré et ça s'arrête là ?

« Ce sont des gens qui sont "croyants". On les appelle des matérialistes. Ils croient qu'il n'y a que la matière qui existe. Ils veulent croire qu'il n'y a rien après la mort, mais ils ne cherchent pas à savoir que la science a découvert maintenant plein de choses sur ce qui se passe pendant et après la mort. Donc ils ne sont pas au courant qu'il y a des études très sérieuses qui montrent que tout ce que je te dis a beaucoup plus de chances d'être vrai que ce qu'ils te disent, c'est-à-dire qu'il n'y aurait soi-disant rien près

---

nous guettent, ou peuvent nous donner des conseils très avisés pour notre vie. De plus, les messages délivrés par les défunts tournent toujours autour de phrases comme : « Je t'aime », « Je veille sur toi », « Vis ta vie, occupe-toi de toi », « Je vais bien », « Je te pardonne », ou : « Pardonne-moi. »

la mort, alors qu'ils ne l'ont jamais prouvé (voir l'annexe 3). »

Ce matin, j'ai vu papi dans ma chambre alors qu'il est mort. Est-ce que je suis folle ?

« Pas du tout, ma chérie ! Cela arrive à une personne sur trois[28] de voir apparaître devant elle la personne défunte qu'elle aimait ! »

Voici aussi ce qu'en dit le Dr Charbonier dans son livre *La Mort expliquée aux enfants*, destiné à être lu directement par des adolescents ou préadolescents :

> Nous pouvons tous réaliser des contacts médiumniques de façon naturelle et spontanée ou en priant pour recevoir un message d'une personne aimée qui est passée dans l'au-delà. Ces capacités sont les plus fortes dans notre jeune âge, entre quatre et sept ans, et aussi au moment de l'adolescence car c'est au cours de ces

28. Voir en annexe 2 les travaux sur « les contacts avec les défunts », et aussi les chapitres correspondants dans le livre de Stéphane Allix et Paul Bernstein *Manuel clinique des expériences extraordinaires*, 2009.

périodes que notre cerveau efface le moins les perceptions de ce genre.

Il est habituel et presque banal d'entendre des voix chuchotées ou de voir fugacement, le temps d'un clignement de paupière, passer un esprit dans une pièce quand on est dans cette période de la vie. Si cela t'est déjà arrivé, je te rassure tout de suite ; sache que tu n'es pas le seul et que c'est tout à fait normal. Seulement voilà, personne n'ose en parler. Si bien que les enfants qui vivent ces phénomènes sont souvent très malheureux de devoir garder cela pour eux toute leur vie.

Est-ce qu'il n'y a que ceux qui vont à l'église qui vont dans ce « paradis » ?

« Non, non, tout le monde y va, tout le monde vit ce genre de chose, ça ne dépend pas du fait d'aller à l'église ou non, ça ne dépend pas du fait d'être croyant ou non, ça ne dépend de rien du tout en fait, c'est simplement ce qui arrive parce que la conscience quitte le corps, et ça se passe comme cela pour tout le monde. »

On ira tous au paradis ?

« Oui, on ira tous au paradis ! Bien sûr, parce qu'on est tous venus de là, de ce que l'on appelle le paradis, cet endroit spirituel et plein d'amour, de conscience et de lumière. Et comme on est tous venus de là, on y retourne tous aussi. On est tous comme les rayons d'un même soleil : aller sur Terre, c'est finalement comme le rayon du soleil qui touche la Terre, et revenir là d'où on est issu, c'est comme le rayon qui retourne dans le soleil… »

On peut prendre le même genre de métaphore avec la vague qui est issue de l'océan, puis qui retourne se fondre dans l'océan.

Maman, j'étais où avant d'être dans ton ventre ?

« Chérie, je crois que tu te trouvais là où ton papi se trouve en ce moment, très haut, dans le domaine des esprits, c'est-à-dire des consciences qui n'ont pas encore, ou qui n'ont plus de corps. Dans le royaume de l'âme, en attente d'un corps pour vivre l'expérience terrestre. »

Pour conclure ce chapitre, je voudrais vous donner mon expérience personnelle. J'ai une petite fille de six ans et demi. Depuis qu'elle a quatre ans, je lui explique très simplement ce que je sais sur la mort et ce qui s'y passe. Pour elle, ça a été très naturel d'apprendre que ce qui en elle fait l'expérience des choses, l'« observateur intérieur », qu'on appelle aussi la « conscience », ne meurt jamais. Elle sait dorénavant que le corps n'est qu'un lieu d'habitation pour la conscience, et que lorsque celui-ci meurt, la conscience déménage simplement pour aller habiter une autre (plus grande) maison. Elle sait aussi que tous ceux que l'on aime sur Terre et qui sont morts avant nous sont sensibles à nos prières ou pensées envers eux, qu'ils sont capables de capter. Elle sait enfin que ces derniers feront partie du « comité d'accueil » qui l'attendra lorsqu'elle-même quittera son corps. Y compris moi et sa mère qui, une fois morts, resterons attentifs à sa vie terrestre et la recevrons avec bonheur lors de sa propre mort. La mort est donc dans notre famille un sujet de conversation dédramatisé, absolument pas tabou. Ma fille a vu sa curiosité satisfaite et ses questions ont trouvé des réponses qui semblent lui avoir bien parlé et convenu. Ainsi, lors de la mort récente du maire de notre village, personnalité bonne et généreuse, qui était très présente et impliquée dans la vie locale, que ma fille connaissait bien, c'est tout naturellement que nous sommes allés voir le corps, puis assister à l'enterrement. Et depuis, lors de nos balades, ma fille me propose régulièrement, lorsque nous passons à côté du cimetière, d'aller dire bonjour à l'« esprit » de feu monsieur le maire, et de lui faire une prière pour le remercier de tout ce qu'il a fait pour le village. Précisons que je ne suis pas catholique pratiquant et que c'est vraiment l'initiative de ma fille : après ce que je lui avais expliqué sur la mort, ce qu'on en sait d'après les recherches scientifiques, elle a eu l'idée et l'envie de faire ces visites « spirituelles » au cimetière.

Voilà une mini-*interview* que j'ai faite avec ma fille, pour voir ce qu'elle avait retenu de tout cela (je ne lui en avais pas reparlé depuis des mois) :

— Moi (M) : Milona, ma chérie, que devient-on après la mort ?

— Ma fille (F) : Ben on devient une âme.

— M : C'est quoi une âme ?

— F : C'est notre esprit qui était dans notre corps quand on était vivant.

— M : Et le corps, il devient quoi ?

— F : Ben il est enterré ou brûlé.

— M : Ceux qui sont morts, ils peuvent nous entendre ?

— F : Oui, ils peuvent entendre tout.

— M : Et ceux qui sont morts, on les reverra un jour ?

— F : Nous, quand on mourra, on les reverra, sauf s'ils sont déjà descendus du ciel et re-nés dans un corps.

Authentique ! Impressionnant, non, ce qu'un enfant peut entendre et comprendre, si simplement ?

Conclusion : pour une éducation centrée autour de la conscience et de l'amour

Nos enfants sont naturellement enclins à la spiritualité, ils sont encore proches de leur âme, ouverts à la magie du monde : leur parler de l'âme, de la conscience et de l'amour est d'une évidence étonnante pour eux, cela semble être leur langue maternelle universelle.

Il ne s'agit pas de leur raconter des contes de fées, mais de leur parler de la vie et de la mort avec l'appui de cette nouvelle « science avec conscience[29] » qui constitue le nouveau modèle scientifique du XXIe siècle, basé sur les décou-

29. Car « science sans conscience n'est que ruine de l'âme », disait Rabelais.

vertes de la physique quantique et les travaux universitaires sur la conscience. Pour Mario Beauregard, docteur en neurosciences canadien, « ce nouveau paradigme promeut des valeurs telles que la compassion, le respect et la paix. En mettant l'accent sur la connexion profonde tissée entre nous et la nature au sens large, il favorise la prise de conscience environnementale et la préservation de notre biosphère[30] ». Lorsque la conscience sera reconnue pour ce qu'elle est, c'est-à-dire comme le substrat même de l'univers, nous nous reconnecterons à nous-mêmes, à chacun d'entre nous, à notre planète et à tout l'univers. Max Planck, qui fut à l'origine de la physique quantique, affirma la chose suivante : « Je considère la conscience comme quelque chose de fondamental. Je regarde la matière comme un dérivé de la conscience. Nous ne pouvons pas contourner cette question. Tout ce dont nous parlons, tout ce que nous considérons comme existant, postule la conscience[31]. » Cette conscience qui persiste après la mort tout comme elle existe avant la naissance.

La fin de vie n'est pas la seule expérience humaine où il faille insister sur l'importance

30. M. Beauregard, 2013.
31. M. Newton, 2010.

de la conscience et de l'amour. Il faut aussi en tenir compte dans la vie quotidienne ainsi que dans le monde dans lequel nous vivons et dont nous sommes responsables, dans ses différents domaines : politique, économie, écologie, médecine, éducation. De nouveaux modèles de société sont en train d'émerger[32], pour une nouvelle conscience et une nouvelle humanité. Nous y participerons grandement en éveillant la conscience de nos enfants.

---

32. Par exemple : Pierre Rabhi, *Manifeste pour la Terre et l'humanisme : Pour une insurrection des consciences*, Actes Sud, 2011 ; ou le philosophe Frédéric Lenoir, *La Guérison du monde*, Le Livre de Poche, 2014.

POSTFACE

Je remercie sincèrement le Dr Olivier Chambon pour ce magnifique ouvrage qui a le mérite de poser clairement le problème sociétal de la juxtaposition de deux réalités souvent antinomiques et pourtant si naturelles, à savoir la mort et le monde de l'enfant.

L'idée que l'on se fait de la mort reste la seule expérience que chaque être humain va côtoyer tout au long de son existence. Épreuve ultime qui devrait nous fortifier sur l'essentiel du « ici et maintenant » et de ce que « je fais de demain ». Sorte de prise de conscience du sens que l'on porte à notre destinée. Malheureusement, il nous faut souvent traverser, nous les humains, des drames pour nous recentrer sur cet « essentiel ». Les enfants sont justement là, dans ces moments critiques, pour nous remettre sur le droit chemin, vers le bon questionnement : qu'est-ce que mourir ? Pourquoi mourir ? Y a-t-il un sens à tout cela ? Et comment en parler à nos enfants ?

Notre pays, à la différence de l'Angleterre par exemple, reste figé dans la peur d'aborder ce sujet. Il entretient une sorte de « décalage » entre le tabou sociétal et le réel besoin psychologique et physiologique de la personne en questionnement et en deuil. Ce « décalage », je l'ai vécu il y a trois ans, lors du décès brutal de mon époux, le papa de mes deux jeunes enfants, alors âgés de huit et quatre ans ! J'avoue que la réaction étonnement « positive » de ces derniers face à la maladie (cancer) puis au vide « physique » laissé par leur papa a bousculé ma vie.

Ancienne professeure de faculté, puis de lycée et de collège, aujourd'hui psychanalyste, je me suis ouverte à d'autres champs de conscience à la suite de ce « voyage » au travers de l'enfer. Ma nouvelle situation familiale (parent survivant accompagnant deux jeunes enfants en deuil) m'a très vite permis de souligner plusieurs évidences.

- Tout d'abord, le témoignage direct de mes enfants beaucoup plus perturbés par la situation de deuil mal perçue par le monde extérieur que par leur propre vision intérieure de l'absence de papa (sentiment d'être non compris par les enseignants, sentiment de rejet par certains copains à l'école où les sujets de la mort et de l'orphelinat sont ignorés). Je vous livre les propos de ma fille revenant de classe en pleurs, son papa décédé voilà trois mois… Elle me dit : « Maman, tu n'es qu'une menteuse, mes copains ne me croient pas, ils me disent que la mort n'existe pas ! »

– La résurgence de mes souvenirs meurtris par la perte de collègues enseignants ou d'élèves de mes classes de collège me mettant face à un constat dramatique : aucune formation préventive pour mieux aborder et accueillir les élèves en situation de pertes multiples, soit deux à trois enfants par classe au lycée (il y a en effet 500 000 orphelins chez les moins de vingt-cinq ans en France selon un rapport de l'Insee). Pas de formation préventive pour aider les accompagnants de l'enfant : enseignants, éducateurs, infirmiers, directeurs d'établissements pour accueillir ou annoncer des événements traumatiques.

– Et puis parallèlement, mes conférences et les ateliers de réflexion entrepris dans différents milieux (crèches, écoles, collège, lycée, hôpitaux, service départemental d'incendie et de secours…) m'ont amenée à côtoyer des corps de métiers démunis face à l'accompagnement de l'enfant en situation de choc (policiers, pompiers, gendarmes, Samu, ambulanciers...). La demande récurrente de protocoles simples par ces derniers afin de mieux se prémunir et de mieux recueillir l'enfant en situation critique prouve à quel point ce problème est peu considéré par nos institutions.

Ce terrible constat m'a tout naturellement conduite à fonder en 2013 l'association L'enfant et le deuil, dont le but est de remédier au manque de prévention et d'information sur l'importance fondamentale de la notion de « perte » dans la construction de l'enfant.

Tous les enfants du monde ont une capacité extraordinaire à comprendre les choses, même le nourrisson. Faut-il leur faire confiance, leur expliquer simplement par le verbe bienveillant et le geste réconfortant la situation qu'ils sont en train de vivre ? Les propos du petit Marc mourant retranscrits dans cet ouvrage, « La vie qui est à l'intérieur est infinie, elle ne finit jamais », me conduisent à vous livrer ceux de mes enfants quelque temps après le départ de leur « papallou adoré », comme ils aiment à dire. Pour mon fils, ce fut le jour où, alors qu'il rentrait peiné de l'école, je lui rappelais les belles paroles de son papa avant de nous quitter. Je lui dis : « Rappelle-toi toujours que la mort n'est pas un abandon, la mort, c'est l'amour à l'infini… Ton père est en toi à jamais. Tu as cette énorme chance de le vivre en toi à l'infini. » Quelque temps plus tard, mon petit garçon de huit ans se redressa physiquement, recommença à marcher droit, à avoir de bonnes notes, à rire aux éclats. Il me dit même plus tard : « Maman, que la vie est *cool*, il suffit de la comprendre ! » Il prit conscience que son père ne l'avait pas abandonné ! Le père structurant était désormais en lui pour toujours, peut-être même plus intensément que chez d'autres enfants dont le père est là physiquement !

Quant à ma fille, c'est au travers de dessins (plus de 300 à ce jour) qu'elle retrace sa nouvelle « rencontre » avec son père. Ces dessins reflètent son histoire repensée avec lui et le sens qu'elle y met. Ils se redécouvrent tous les deux de dessin en dessin. Je vous confie cette réflexion qui m'a également bouleversée (son papa étant décédé depuis à peine un an). Elle me dit un jour en voiture : « Tu sais, maman… [Silence] j'ai beaucoup pensé à papallou aujourd'hui…

— Ah bon, lui dis-je. Et pourquoi, il t'a manqué, ma chérie ?

— Heu ! Oui, mais tu sais, je sais qu'il est mieux là où il est.

— Ah bon, et pourquoi ?

— Parce que tu sais, maman, s'il était resté là, il serait dans une chaise roulante et alors il aurait eu mal au corps. Il n'aurait pas été heureux avec nous ! »

Les dessins qui ont suivi cette prise de conscience retracent bien les premières phases d'intégration du travail de deuil (voir les dessins : « Famille réunie », « Le bobo de papa », « Le monde d'Aurore et de papa en 2015 » figurant dans le cahier couleur). Mes deux enfants ont été bien sûr suivis par des thérapeutes les premiers mois qui ont suivi le drame. Ces derniers m'ont très rapidement confié leur étonnement face au travail de deuil qu'ils avaient accompli.

Cette capacité résiliente vient du fait que nous avons répondu, mon mari et moi-même, à leurs questions angoissantes sur ce qui adviendrait si… Sur ce qui allait se passer pendant la chimiothérapie… Nos mots les ont aidés à se construire tout simplement dans et par l'épreuve imposée. La vérité exprimée sans détour leur a permis d'avoir confiance dans l'adulte et dans le demain, même si papa n'était plus « debout ». Tous deux vont bien aujourd'hui et parlent avec fierté de l'exemple de courage laissé en héritage par leur père. Ce courage d'oser dire pour mieux guérir le manque n'a pas été chose facile. Mais la récompense aujourd'hui est cette sérénité avec laquelle ils avancent dans la vie, ce qui étonne beaucoup de gens autour de nous ! La maman psychanalyste que je suis est en effet très émue de constater que parler calmement de la maladie, de la mort à son enfant lui permet d'absorber, d'incorporer physiquement dans son corps l'amour de la personne partie ! La mort devient alors comme une amie rassurante... puisqu'elle est expliquée, nommée.

Mes enfants ne sont pas exceptionnels. Ils ont été simplement avertis, écoutés, réconfortés et rassurés. Ils nous ont surtout permis, à mon mari et à moi-même, de dépasser nos peurs face au vide et à l'absurde. Pour moi, ce fut l'idée que l'autre peut mourir, et pour lui sûrement celle de participer un temps encore à l'épanouissement futur de ses enfants chéris.

Néanmoins, et j'insiste, nous n'avions jamais parlé en famille de la mort directement avec eux avant le drame, à tort !

Les enfants pourtant n'ont pas de tabou face à cela. Ce sont les adultes et la société contemporaine qui refoulent massivement ce sujet. Avant 1970, l'enfant vivait avec l'idée de la mort. Les veillées du corps étaient habituelles à la maison. Puis peu à peu, ce sujet est devenu « irréel ». Aujourd'hui, tout est fait comme s'il n'existait pas vraiment. On met un voile dessus, et on meurt le plus souvent seul, à l'hôpital. Paradoxalement, on s'habitue à côtoyer la mort de façon de plus en plus violente, dans les médias, par les jeux vidéo… Le plus terrible, c'est qu'on la visionne avec évitement, sans donner d'explication aux futurs adultes.

Cette « banalisation de la mort » est dangereuse pour les générations futures. Elle peut engendrer peu à peu de graves répercussions sur le bon développement psychique de l'enfant. Or il est essentiel de l'autoriser à exprimer son chagrin tout en lui confiant que cela ne va pas augmenter celui de ses proches. Mais ces deux possibilités lui étant souvent refusées, il prend alors conscience de la gravité du sujet et se renferme dans un silence qui risque de stopper sa curiosité. Je le constate malheureusement en consultation, souvent avec des enfants orphelins ou semi-orphelins qui se mettent en position *off* en attendant une explication de l'adulte !

D'ailleurs, des études réalisées par l'Organisme commun des institutions de rente et de prévoyance (OCIRP), par exemple, montrent que dans les pays où la mort reste encore taboue, le taux de tentatives de suicide chez les jeunes augmente (c'est le cas de la France justement). Il est par conséquent urgent d'expliquer aux familles que la perte (le deuil) est une partie intégrante de la construction psychique de l'être humain. Effectivement, de sa naissance à l'âge adulte, l'homme se construit peu à peu à travers les deux prismes fondamentaux que sont l'image parentale et l'idée qu'il se fait de la mort et de la séparation en général. Cette construction se base donc sur des schémas répétitifs de perte comme l'absence, la désillusion… occasionnant, un travail de récupération, à savoir le deuil. L'on sait que pour son bon développement, les trois premières années du tout-petit sont primordiales. C'est le temps du sevrage/séparation, de l'adaptation/sociabilisation, de la découverte du corps, etc. Cette période, qui est le pilier de la future santé psychique de nos enfants, leur demande une énergie colossale et, de ce fait, ils ont besoin d'un accompagnement bienveillant.

Renoncements, ruptures, souffrances, déconstructions, reconstructions successives aident le bébé, l'enfant, l'adolescent à grandir et à accéder à un statut de sujet en voie d'autonomie. Tous ces « stades », ces réajustements, aident l'être à dépasser les limites de l'égocentrisme et à entrer dans l'altérité. Toutes ces épreuves répétées liées à la perte construisent de ce fait l'humanité.

Il est donc temps que cette réalité clinique soit connue de tous dans notre société, du parent à l'enseignant, de l'aide-soignante au pompier, etc. Nous devrions tous être avertis de la façon dont nos enfants conceptualisent le monde. Cette prise de conscience collective est déjà faite dans certains pays où, par exemple, la thanatologie est une matière enseignée aux futurs professeurs. En effet, il est largement reconnu (depuis F. Dolto, J. Hanus, F. Bacquet...) que plus tôt l'enfant intègre la notion de finitude, plus tôt l'enfant se construit fort et confiant dans les institutions qui l'entourent. L'on observe aujourd'hui qu'un enfant à qui on a parlé de ce sujet avant la fin de la maternelle est plus stable dans sa progression psychoaffective. C'est pourquoi il est recommandé de ne pas attendre qu'il soit directement confronté à la réalité de l'absence pour lui en parler, même s'il est un nourrisson.

Mais d'où vient ce décalage entre le monde de l'adulte et le monde de l'enfance ? Je rejoins ici les écrits du Dr Chambon dans le fait qu'il est important de se détacher de notre vision d'adulte « rationnel » de la mort. Seul ce détachement peut nous aider à entrevoir comment l'enfant ressent la mort, et comment ce sentiment de perte joue une place dans le processus de symbolisation au travers duquel il grandit. Cette nouvelle vision du sujet peut aider, j'en suis certaine, les parents à mieux gérer leurs propres angoisses. Comme il est bon de savoir que l'équilibre de notre enfant se joue dans la négociation constante entre deux registres fondamentaux qui sont l'intériorisation (le monde imaginaire) et l'extériorisation (le monde symbolique) ! Cette négociation constante est un espace potentiel, dit « de transition » (cf. Winnicott, Freud). C'est dans cet espace dit « transitionnel » que va se créer, ou non, un équilibre chez l'enfant. C'est grâce à cet espace intérieur dit « imaginaire et symbolique » qu'il pourra plus tard aller puiser en lui les bonnes ressources pour traverser l'épreuve de la perte et entamer le travail de deuil. Plus tôt les parents, les éducateurs, les enseignants développeront cette capacité à combler le vide par un monde imaginaire (explications, contes, dessins, chant, jeux de répétitions…), plus tôt nos enfants auront une vision positive de la vie et une capacité à rebondir face aux expériences douloureuses.

Quitter l'espace rationnel de l'adulte conduit alors à enter dans le monde de l'enfance ; partie oublié mais cachée en chacun d'entre nous. À nous de réveiller notre « enfant intérieur » blessé, malmené par les non-dits, l'éducation, les croyances et les faux jugements. À nous de nous reconnecter à notre monde intérieur… véritable cordon ombilical entre l'enfant en nous et le monde environnant !

L'on comprend mieux pourquoi il est réducteur d'éviter de nommer la mort. Les expressions quotidiennement employées telles que « Papi dort. Il est au paradis… Il ne reviendra plus » ne font que renforcer l'angoisse face à l'incertain. N'oublions jamais qu'un enfant qui invite l'adulte au dialogue est en train de « remplir » son espace de sécurité intérieure (de transition) si importante pour sa construction. Alors ne lui refusons pas ce dialogue !

L'on pourrait même dire que l'adulte annonciateur de la perte d'un objet animé (être cher) ou inanimé (séparation parentale, perte de doudou…) a la grande chance de dépasser ses propres limites, ses croyances, et ses peurs… Grâce à cela, il va pouvoir aller au fond de lui puiser la réponse que son « enfant intérieur » attend… Là, peut-être touchera-t-il des voix lumineuses et réconfortantes et s'autorisera-t-il des réflexions. Cette nouvelle prise de conscience lui permettra aussi de pressentir tous les possibles de l'après. C'est cet « après » qui est clairement posé par Olivier Chambon. Son livre apporte des réponses psychologiques, scientifiques sur les phénomènes « périmortels », ouvrant ainsi le champ de tous les possibles.

Expliquer à un enfant ce qu'est la conscience et que celle-ci peut continuer à exister, peut-être au-delà de son corps, va développer en lui la faculté de questionnement. On offre enfin à l'enfant l'occasion ultime et précieuse de se faire confiance au travers de ses ressentis, de son « corps pensant ». De la sorte, l'enfant se fortifie pour son futur en explorant sa capacité à répondre aux attentes et aux manques de la vie.

Cette rétention de l'information, si j'ose dire, vient aussi du fait de la méconnaissance qu'a l'adulte en France de la façon dont l'enfant inclut la mort dans sa construction. Sans détailler l'évolution de la pensée de l'enfant, il est toutefois important de souligner que sa vision de l'absence dépend de son âge. L'enfant reste de façon générale plus détaché que ne le ressent puis le conceptualise l'adulte. C'est par exemple le cas de ce petit garçon qui enterre un oiseau de façon ludique car pour lui, il ne bouge pas, ou de la petite fille dans le film *Jeux interdits* (de René Clément), qui passe son temps à enterrer des animaux (ritualisation qui lui fait revivre inlassablement la disparition tragique de sa maman). C'est peut-être cette vision mortifère qui fait peur à l'adulte ! Cette petite fille, traumatisée par la perte brutale de sa maman, a besoin de ritualiser l'absence pour pouvoir commencer son deuil et passer à autre chose.

En effet, il est bon de savoir que jusqu'à la fin de la maternelle, le mot *jamais* n'est pas intégré dans la conscience du jeune enfant. C'est le temps de l'hétéronomie, de la pensée magique où il croit qu'il ne mourra jamais. La mort est réversible. Elle est représentée comme une maladie. L'angoisse se précise justement quand un proche disparaît et que rien n'est exprimé par peur de traumatiser. L'enfant se renferme alors bien souvent, pensant qu'il est responsable de la situation. L'on comprend pourquoi il est essentiel d'expliquer par des mots simples qu'il n'y est pour rien dans la mort de papi ou dans la séparation de papa et maman. À la rentrée du primaire, même si la pensée magique reste présente, le jeune commence à ritualiser le vide. Il se pose des questions sur l'« après-mort » car il est dans la compréhension de l'irréversibilité de la mort. Couper un enfant de ce questionnement par des non-dits, des interdictions, le coupe de la réalité et le plonge dans de réelles angoisses. À neuf-douze ans, le jeune sait qu'il est mortel et demande à savoir. Plus il va grandir, plus il va s'interroger sur l'« après », et plus il va angoisser si personne ne répond à ses interrogations.

Si tel est le cas, l'enfant souffrant va se fondre dans la masse, dans la famille. Il attendra l'autorisation d'exprimer ses émotions. L'adolescent, quant à lui, détestant l'incontrôlable, se met dans l'« agir » pour contrecarrer l'idée insoutenable de l'inconcevable ! L'enfant et l'adolescent ont les mêmes souffrances que l'adulte. La seule différence est qu'ils n'ont pas les mêmes capacités que nous pour l'exprimer. Il apparaît donc comme un devoir collectif de réhabiliter la souffrance des jeunes et de leur permettre de l'exprimer !

C'est pourquoi, l'association L'enfant et le deuil s'est donné pour objectif majeur d'informer et de prévenir les dégâts psychologiques occasionnés sur un enfant, un adolescent peu ou mal accompagné dans ses moments de meurtrissure. Cette « capacité à », comme aiment à le dire les psychanalystes, est certes fort inégale selon les personnes. C'est pourquoi une prévention semble urgente, et est nécessaire auprès des parents et des accompagnants en général. Oser parler de la mort aux enfants aide à la construction d'un monde nouveau où la place du deuil sera respectée et entendue.

Il n'est pas coutume dans notre culture occidentale d'expliquer aux professionnels comment se déroule, après un drame, la reconstruction d'un enfant de zéro à douze ans. Il y a quelques années encore, la pensée collective acceptait l'idée que la souffrance physique de l'enfant était moindre que celle de l'adulte. Il en va encore de même de l'accompagnement d'un enfant en deuil.

La maman accompagnant le deuil de ses enfants, la clinicienne que je suis, se doit de dire que le processus intrapsychique du deuil chez l'enfant est très long. Il est même plus complexe que celui de l'adulte. L'enfant vit les mêmes phases que l'adulte mais l'exprime différemment car il ne maîtrise pas bien, selon son âge, ses émotions (annonce, choc, trauma, sidération, déni, colère, reformulation, compréhension, acceptation, puis symbolisation).

Le travail ne commence réellement qu'au moment de l'annonce de la perte. Ce travail est un long processus psychique complexe qui permet de réinstaller en lui les « bons parents », les « bonnes choses rassurantes » déjà intégrés. Il va devoir remplacer l'objet disparu par un nouvel objet, un « substitut », pour ne pas sombrer dans la douleur. Ce processus lent et inconscient se terminera lorsque la perte de l'objet aimé n'empêchera plus de vivre et laissera la place au souvenir sans peine. Tout sera guéri quand l'évocation du disparu se fera sans culpabilité écrasante. Donner du sens à l'absence demande par conséquent à l'enfant une énergie colossale et une construction psychique passée plus ou moins bien aboutie. Là est le rôle de prévention et du bon positionnement de l'adulte accompagnant pour faciliter l'intégration du manque chez l'enfant.

Enfin, peut-être est-il bon de signaler que la perte précoce d'une personne aimée amène le jeune à vivre la relation avec celle-ci de façon inconsciente, comme si elle était présente. Il entretient des relations internes avec le disparu qu'il porte en lui. De nouveaux liens d'identification se tissent alors et ce n'est qu'à l'âge adulte que la cicatrisation arrivera, ou non, selon les cas. C'est pourquoi un enfant confronté à la mort très tôt a un biorythme différent d'un autre enfant. Sa fatigue physique par exemple vient du fait qu'il doit déployer une double énergie, celle qui lui permet de grandir physiologiquement et celle qui lui permet de « digérer » la situation. Cette réalité devrait être expliquée aux enseignants de notre pays.

Mon fils, aujourd'hui âgé de douze ans, a des phases de récupération bien marquées dans le temps. Son corps l'appelle au repos aux dates clés de son histoire avec son papa. Il n'en a pas forcément conscience, mais son corps lui rappelle qu'il a besoin de repos (difficultés à se lever, besoin de calme, problèmes de concentration, énervement).

L'invisibilité de l'orphelin dans nos écoles est un état de fait. La non-reconnaissance de sa souffrance le conduit souvent très tôt vers un échec scolaire et personnel (manque de confiance en lui et en l'autre) et d'exclusion. Cela est un constat réalisé par l'OCIRP, l'Insee… et par les ateliers de réflexion menés par notre association auprès du corps enseignant de plusieurs régions.

L'association L'enfant et le deuil, reconnue organisme de formation continue depuis janvier 2015 pour son action de prévention sociale auprès de la petite enfance, se déploie dans plusieurs départements aujourd'hui (formation préventive dans les crèches et bientôt auprès de différents personnels soignants et hôpitaux). Nous sommes heureux de constater que notre action est de plus en plus soutenue et reconnue (nos partenaires forts étant la Société française d'accompagnement et de soins palliatifs (SFAP), le Centre national de ressources des soins palliatifs (CNDR SP de Paris), ainsi que certains partenariats avec des projets en accord avec le ministère de la Santé).

Ne gâchons pas la vie future de nos enfants par des questions laissées en suspens lors d'une confrontation à la mort pendant leur enfance… Tel serait le cri de la maman, de l'épouse endeuillée, de la professionnelle de santé que je suis. Je remercie vivement le Dr Chambon de m'avoir donné l'occasion de m'exprimer sur ce sujet si délicat. De témoigner pour que les parents seuls, veufs, sachent que tout est possible et que la vie est belle. Regardons la leçon de vie que nous donnent nos enfants !

Les premières années de l'enfance sont précieuses. Il s'agit de veiller à ce qu'il n'y ait pas trop de « perdition d'amour » par ignorance ou maladresse. Accueillir un enfant, c'est lui permettre de se remplir de l'intérieur afin que chaque pierre posée sur son chemin reflète en lui le goût d'apprendre.

Puissions-nous y remédier en tant qu'adultes en élargissant nos consciences et en ouvrant nos cœurs de connaissance.

Pour tous les enfants du monde.
En mon cœur.

Claire Bazin-Cipriani
(Association L'enfant et le deuil)
(www.lenfantetledeuil.com)

BIBLIOGRAPHIE

Alexander E., *La Preuve du paradis. Voyage d'un neurochirurgien dans l'après-vie*, Guy Trédaniel, 2013.

Alexander E., Moody R., *L'Évidence de l'après-vie*, Guy Trédaniel, 2014.

Allix S., Bernstein P., *Manuel clinique des expériences extraordinaires*, Inrees, InterÉditions, 2009.

Aubinais M., *Les Questions des tout-petits sur la mort*, Bayard, 2010.

Beauregard M., *Les Pouvoirs de la conscience*, InterÉditions, 2013.

Ben Soussan P., Gravillon I., *L'Enfant face à la mort d'un proche*, Albin Michel, 2006.

Brune F., *Les Morts nous parlent*, t. I et II, Le Livre de poche, 2009.

—, *Mes entretiens avec les morts*, Le Temps présent, 2012.

Callanan M., Kelley P., *Final Gifts*, Poseidon Press, 1992.

Chambon O., Belvie W., *Expériences extraordinaires autour de la mort. Réflexions d'un psychiatre sur la science et l'au-delà*, Guy Trédaniel, 2012.

Charbonier J.-J., *Les 3 clés pour vaincre les pires épreuves de la vie. L'enseignement spirituel des expériences de mort provisoire*, Guy Trédaniel, 2013.

—, *Les 7 bonnes raisons de croire en l'au-delà*, Guy Trédaniel, 2012.

Dolto F. (Dr), *Si l'on parlait de la mort*, Gallimard jeunesse, 2006.

Dron N., *45 secondes d'éternité*, Kymzo, 2009.

Grimard F., *La Mission de la petite âme*, À tout cœur, [*The Journey of the Little Soul*, format Kindle, 2013].

Guggenheim B., Guggenheim J., Elsaesser-Valarino E., *Des Nouvelles de l'Au-delà. De nouveaux champs de recherche sur l'après-vie confirment que la vie et l'amour sont éternels*, Exergue, 2011.

Kübler-Ross É., *La Mort et l'Enfant*, Le Rocher Le Tricorne, 1986.

Long J., Perry P., *Evidence of the Afterlife. The Science of Near-Death Experiences*, Harper Collins Publishers, 2010.

Moody R., *La Vie après la vie*, Robert Laffont, 1977 [*Life After Life*, 1975].

—, *Lumières nouvelles sur la vie après la vie*, Robert Laffont, 1978 [*Reflexions on « Life After Life »*, 1977].

Moody R., Perry P., *Témoins de la vie après la vie*, Robert Laffont, 2010.

Moorjani A., *Diagnostic incurable mais revenue guérie à la suite d'une NDE. Mon voyage de guérison des frontières de la mort aux portes de la vie*, Guy Trédaniel, 2012.

Morse M., Perry P., *Closer to the Light. Learning from the Near-Death Experiences of Children*, Ballantine Books, 1991.

—, *Aux frontières de la mort. Ils ont vu la lumière*, Oxus, 2009.

Morse M., *La Divine Connexion*, Le Jardin des Livres, 2002.

Morse M., *Le Contact divin*, Le Jardin des Livres, 2009.

Newton M., *Souvenirs de l'au-delà*, Le Jardin des Livres, 2007 [*Journey of Souls. Case studies of life between lives*, 1994].

Osis K., Haraldsson E., *Ce qu'ils ont vu. Au seuil de la mort*, Le Rocher, 1982.

Ouellet S., *Après la mort qu'est-ce qui m'attend ? Où irai-je ?*, Dauphin Blanc, 2012.

Pion L., *Est-ce que tout le monde meurt ?*, Le Trèfle à quatre feuilles, 2011.

Radin D., *Super Pouvoirs ? Science et yoga : enquête sur les facultés humaines extraordinaires*, InterÉditions, 2014.

Ransford E., *La Conscience quantique et l'au-delà*, Guy Trédaniel, 2013.

Ring K., Elsaesser Valarino E., *Lessons from the Light. What We Can Learn from the Near-Death Experience*, Insight Books, 1998.

Saint-Mars (de) D., *Grand-père est mort*, Calligram, 1994.

—, *Lilli a peur de la mort*, Calligram, 2009.

Schwartz G., *Extraordinaires contacts avec l'au-delà. Découvertes scientifiques décisives sur la vie après la mort*, Labussière, 2006.

AURORE
KILIAN
JASMINE
PAPA KILIAN
JASMINE
AURORE
KILIAN
MAMAN
2013

SUPER
AURORA

AURORE
VOYAGE
CAFÉ
MAMAN

BOBO

—, *The GOD Experiments*, Atria Books, 2006.

—, *The Sacred Promise. How Science is Discovering Spirit's Collaboration with Us in Our Daily Lives*, Atria Books, 2011.

—, *The Afterlife Experiments. Breakthrough Scientific Evidence of Life After Death*, Atria Books, Simon & Schuster, 2002.

STEVENSON I., *Vingt cas suggérant le phénomène de réincarnation*, Sand, Paris, 1985.

TUCKER J., *Life Before Life*, St Martin's Griffin, 2005.

VAN LOMMEL P., *Mort ou pas ?*, Interéditions, 2012.

VAN PRAAGH J., *Grandir au paradis. Le lien éternel entre les enfants et leurs parents*, Le Dauphin Blanc, 2012.

WITT (DE) F., *La Preuve par l'âme. Un polytechnicien démontre notre immortalité*, Guy Trédaniel, 2015.

ANNEXES

Annexe 1 : Descriptions des différents phénomènes périmortels (PPM) étudiés scientifiquement

La NDE (*Near-Death Expérience*) ou EMI (expérience de mort imminente)

Les principales phases de la NDE

1. Un caractère ineffable, difficile à décrire avec le vocabulaire courant.

2. Une sensation de paix et de quiétude dont toute douleur a disparu.

3. Une sortie du corps, toujours observé d'en haut avec détachement.

4. La conviction d'être mort.
5. Le passage à travers un tunnel sombre et angoissant.
6. L'écoute de musique et la vue de scènes et de paysages surnaturels.
7. Une rencontre et parfois une conversation, généralement avec des chers disparus.
8. La perception d'une lumière brillante et la rencontre avec un être de lumière (expérience d'un amour total, inconditionnel, extraordinaire et connaissance intégrale).
9. La revue de vie panoramique, dont tous les détails défilent à toute vitesse.
10. Un aperçu de ce que pourrait devenir la fin de vie.
11. La perception d'une limite infranchissable à l'exploration en cours.
12. Une prise de décision de retour dans la vie terrestre.
13. Le retour au point de départ dans le corps.
14. Phase d'intégration de l'expérience.
15. Phase de mutation :
    - Renversement des valeurs.

– Changement de personnalité.
– Recherche de connaissances nouvelles.
– Dons psychiques.
– Envie de partager son expérience.
– Préoccupations écologiques.
– Développement de la créativité.

Cas typique de NDE

J'ai connu une réaction allergique très grave lors d'une opération. Mon cœur s'est arrêté de battre. Immédiatement après l'arrêt de mon cœur, je me suis retrouvé au niveau du plafond. Je pouvais voir l'appareil à ECG[1] auquel j'étais raccordé. L'ECG était plat. Je voyais les docteurs et infirmières s'agiter autour de moi pour tenter de me ramener à la vie. En contraste avec cette situation de panique extérieure, je ressentais une profonde paix. Je ne ressentais aucune douleur. Ma conscience glissa hors de la salle d'opération et se rendit dans un bureau d'infirmières. Je reconnus immédiatement le bureau d'infirmières de l'étage où j'avais été transféré avant mon opération. De mon point de vue, près du plafond, je voyais les infirmières s'activer à leurs tâches

1. ECG : électrocardiogramme.

quotidiennes. Après que j'eus observé les infirmières un moment, un tunnel s'ouvrit. Je fus attiré vers ce tunnel. Je traversai alors ce tunnel et devins conscient d'une lumière brillante au bout du tunnel. Je me sentais en paix. À la sortie du tunnel, je me retrouvai dans une zone de lumière très belle, je dirais « mystique ». En face de moi se trouvaient plusieurs de mes proches qui étaient auparavant décédés. Ce fut une rencontre très joyeuse et nous nous sommes enlacés. Je me trouvai ensuite en présence d'un être spirituel débordant d'amour et de compassion. Plus tard, après être revenu à la vie, j'ai lu des ouvrages sur les NDE (que je ne connaissais pas auparavant) et j'ai vu que beaucoup de gens l'appellent l'« être de lumière » : je comprends pourquoi. En sa présence, j'ai commencé à voir toute ma vie se dérouler devant mes yeux comme un film projeté sur un écran, de l'enfance à l'âge adulte. Cela semblait si réel ! Je me voyais moi-même, mais mieux que dans un film en 3D, j'étais capable de ressentir les sentiments des autres personnes avec qui j'avais été en relation toutes ces années. Je pouvais ressentir les émotions positives ou négatives que j'avais provoquées en elles. Je pris ainsi conscience de toutes les occasions d'aimer les autres que j'avais laissées passer (depuis cette expérience, ma vie a d'ailleurs changé puisque je prends beaucoup plus en compte les ressentis des autres lorsque j'agis). Puis je vis mon père, tout à fait semblable au temps de son vivant, et il me dit : « Viens ici, c'est vraiment bien. » Je voulus courir vers lui mais je ne le pouvais pas car il y avait une séparation entre nous. Je suis incapable de décrire cette limite. C'était un peu comme un mur au travers duquel je pouvais voir. Alors j'entendis une voix grave qui venait de partout et qui demandait : « Qui ? » Elle s'interrogeait sur mon identité. Alors vinrent les mots « pas encore ». Je fus donc obligé de retourner à la vie, ce que je ne désirais pas, tellement je me sentais bien là où j'étais. Il y eut à nouveau le tunnel, je le traversai de manière très rapide et, en même temps, la douleur revint dans mon corps. Je pleurais : « Non, non », alors que je revenais à la conscience. J'avais été plongé dans un lieu où l'amour était tellement puissant. Dans ce lieu, je savais que j'étais vraiment chez moi. Mais finalement, je revins dans mon corps. Je me réveillai dans l'unité de soins intensifs un jour plus tard. J'étais couvert de fils et de tuyaux. Je me sentais incapable de parler de mon expérience si profonde. Plus tard, je retournai à l'étage où j'étais installé avant l'opération. Il y avait le bureau des infirmières que j'avais « visité » pendant ma NDE. Je trouvai finalement le courage de partager ce que j'avais vu durant ma NDE avec une des infirmières. Elle parut choquée

> et effrayée. C'était un hôpital catholique. On m'envoya une nonne. Je lui expliquai patiemment tout ce que j'avais vécu. La nonne écouta soigneusement, puis déclara que mon expérience était « l'œuvre du diable ». Vous pouvez donc comprendre mon énorme réticence à parler de ma NDE avec qui que ce soit depuis lors !
>
> (Cas tiré du livre de Long et Perry[2]).

L'EMP (expérience de mort partagée)

L'EMP ressemble à l'EMI, sauf qu'elle est vécue par des gens qui ne sont pas malades. Elle se produit généralement chez la ou les personnes présentes au chevet d'un mourant, au moment où celui-ci va mourir ou vient de mourir. Elle peut donc concerner plusieurs personnes et, quand c'est le cas, les expériences spirituelles vécues par chacune sont remarquablement semblables. L'EMP semble concerner 5 à 10 % de la population générale selon Moody[3].

Moody décrit les sept éléments caractéristiques d'une EMP, auxquels j'en ajouterai

2. Long et Perry, 2010.
3. Moody, 2001.

un huitième. En général, une EMP contient plusieurs de ces sept (ou huit) éléments.

- Un changement de géométrie du lieu, de la pièce, ou se passe l'EMP : c'est le seul élément qui n'apparaisse pas dans les EMI. Pour beaucoup, ce changement de géométrie se limite à une modification de la forme de la pièce. D'autres voient, en plus, la pièce s'ouvrir sur une « autre réalité », décrite de manières diverses, sur une sorte de trappe donnant accès à une autre dimension, plus vaste.
- Une lumière mystique envahit la chambre, illumine les yeux ou le corps de la personne mourante, ou baigne le corps du témoin. Elle ouvre le cœur et l'esprit, provoque des transformations spirituelles et autres phénomènes mystiques.
- Musique et sons musicaux : la musique est un élément fréquent des EMP. Parfois, la personne mourante et un témoin disent l'avoir entendue ; d'autres fois, plusieurs personnes l'évoquent.
- La décorporation : l'EMP commence fréquemment par un surgissement d'énergie qui n'est pas naturel, ou l'audition d'un son brusque. Et le sujet se retrouve subitement en train de regarder d'en haut ce qui se passe

dans le monde physique – depuis le plafond ou un coin de la pièce, le plus souvent. De là, il peut observer ses propres interactions avec la personne qui meurt. Certaines fois, le sujet est accompagné par le corps spirituel de la personne décédée, qui apparaît généralement plus jeune et semble plus heureuse.

- Revivre ensemble le film du passé : le sujet voit défiler la vie du mourant (panoramique et en 3D), apprenant parfois des choses sur le passé de celui-ci, qu'il ignorait totalement jusqu'alors (et qui s'avéreront justes après vérification). Le sujet peut aussi voir des éléments de sa propre vie ou des éléments de sa vie commune avec le mourant.
- Découverte de paysages irréels ou « édéniques » (paradisiaques).
- Une brume qui s'élève du mourant au moment précis de sa mort. Il serait ridicule d'y voir une hallucination, dans la mesure où ceux qui en parlent racontent qu'elle se forme toujours à l'instant précis où l'être cher meurt. S'il s'agissait d'une hallucination, cela n'aurait aucun sens qu'elle apparaisse au même moment (ni qu'elle soit vue simultanément par plusieurs témoins).
- La vision de défunts proches du mourant, venant le chercher pour l'accompagner.

La NDA (*Near-Death Awareness* – « conscience accrue au seuil de la mort »), dont fait partie le phénomène de « visions des agonisants » (*Death-Bed Visions*)

Dans son étude récente, la chercheuse Emily Williams Kelly a montré que 41 % des patients mourants avaient une expérience de « visions des agonisants[4] ».

Les six catégories de NDA[5]

1. Le patient, sentant sa mort, se dit métaphoriquement prêt pour un voyage, un départ.
2. Le patient décrit un paysage céleste, merveilleux, qui l'attend après sa mort.
3. Le patient parle ou est en présence de personnes déjà décédées ou d'un être spirituel.
4. Le patient connaît le moment exact de sa mort (parfois mieux que les médecins, déjouant ainsi tous les pronostics).

---

4. Kelly E.F., Crabtree A., Kelly E.W. et coll., *Irreducible Mind. Toward a Psychology for the 21st Century*, Rowman & Littlefield Publishers Ltd., 2010.

5. Callanan, Kelley, 1992.

5. Le patient est capable de choisir le moment exact de sa mort.
6. Le patient éprouve un urgent besoin de réconciliation, de terminer les choses laissées en suspens dans sa vie.
7. Les points 2 et 3 correspondent aussi à ce que les Anglo-Saxons ont appelé les *Death-Bed Visions*, ou « visions des agonisants ».

Cas typique de NDA

> Un fils raconte ainsi les derniers jours de son père : les deux derniers jours de sa vie, il est devenu différent. Bien qu'il ressente encore de la douleur, il s'était apaisé, était content, souriait et riait beaucoup. Il me dit que son père était venu le voir (père décédé depuis longtemps, dont il ne m'avait jamais parlé avant) et que ma mère (morte quatorze ans plus tôt) était dans la chambre et lui parlait de temps en temps. Il n'était pas confus, tenait des conversations tout à fait sensées avec moi et était conscient que je ne pouvais voir ce qu'il voyait. Il me disait que son père et ma mère étaient venus pour l'accompagner quand il mourrait et il n'avait désormais plus peur de mourir. Je dois ajouter que son état d'esprit n'était

pas provoqué par des médicaments car, à part du paracétamol (un antalgique banal) il avait refusé de prendre autre chose...

Tiré du livre de Fenwick P. et Fenwick E., *The Art of Dying*, Continuum, 2008.

L'ADC (*After-Death Communication*) ou « communication avec les défunts »

Les différents types d'ADC, d'après l'étude de B. et J. Guggenheim (2011) portant sur 3 300 récits directs, provenant de 2 000 personnes en bonne santé et abstinentes de toute drogue :

- Sensation d'une « présence ».
- Audition d'une voix externe ou interne (mais vécue comme venant d'une source externe : télépathie).
- Sensation d'un contact tactile.
- Présence d'une odeur représentative du défunt et inexplicable dans le contexte où elle survient.
- Apparition visuelle partielle (lumière, visage dans une lumière, partie supérieure du corps, corps évanescent) ou totale (corps entier semblant absolument solide et réel).

- Vision d'une image en 2D ou 3D qui contient le défunt et un aperçu de l'au-delà, vue avec les yeux ouverts ou fermés.
- Vision lors d'un état modifié de conscience, état « alpha » (en rapport avec le type d'ondes cérébrales qui se développent lors de mesures par EEG), lors d'une prière, méditation, relaxation, hypnose, etc.
- Rencontre avec le défunt lors d'un rêve, mais avec des caractéristiques de réalité tout à fait différentes d'un rêve normal.
- Rencontre avec un défunt lors d'une sortie hors du corps.
- Manifestation d'un défunt par un appel téléphonique.
- Manifestations physiques : appareils électriques qui s'allument tout seuls, objets qui sont déplacés, etc.
- Signes envoyés par le défunt à un moment précis et de manière particulièrement signifiante : arc-en-ciel, papillon, fleurs, etc.

Cas typique d'ADC

> À cette époque, mon fils était en très bonne santé. Une nuit, alors que j'étais

profondément endormie, à 2 h 20 du matin, je me suis soudain réveillée et j'ai vu mon fils au pied de mon lit, me souriant et me regardant. C'était l'expérience la plus belle et la plus merveilleuse que j'avais connue, aucun mot ne fut échangé. Je savais que ce n'était pas un rêve ni le produit de mon imagination. J'ai même réveillé mon mari pour lui dire ce qui m'était arrivé. Je me rappelle m'être rendormie dans un état d'euphorie. Puis à 6 h 30 du matin, le téléphone a sonné et m'a réveillée. C'était les pompiers. Avant qu'ils ne me disent quoi que ce soit, j'ai su que mon fils était mort, ce qu'ils me confirmèrent : il était mort suite à une rupture d'anévrisme cérébral survenue à 2 h 20 du matin.

Tiré du livre de Fenwick P. et Fenwick E.,
The Art of Dying, Continuum, 2008.

Annexe 2 : Évidences scientifiques pour la survie de la conscience après la mort

Donc pour vous, chers parents, voici un résumé des faits et découvertes scientifiques illustrant l'importance primordiale de la conscience dans l'univers, son caractère premier vis-à-vis de la matière, son indépendance vis-à-vis du cerveau, et sa persistance après la mort du corps. Vos enfants ne peuvent bien sûr pas lire directement cela, mais ce que vous répondrez à leurs questions sur la mort pourra s'appuyer sur ces connaissances scientifiques.

Tout d'abord, rappelons que la physique quantique permet actuellement de supposer un autre modèle de la réalité que celui du matérialisme jusqu'alors prédominant, qui dit que seule la matière existe et que tout le reste (dont la conscience) n'est qu'un épiphénomène dérivé de la matière. Ce nouveau modèle prend le nom de « panpsychisme », et place la conscience comme à l'origine de tout et présente en tout. La conscience est une caractéristique fondamentale de toute existence, et elle est étroitement liée au monde physique.

Cette conscience infuse tout le vivant et même les particules subatomiques[6]. Vers la fin

6. Ransford, 2013.

du XIXe siècle, il devint évident que la physique classique rencontrait ses limites ; elle n'était tout simplement pas capable d'expliquer certains phénomènes au niveau atomique. La reconnaissance de ces limites a permis le développement d'une nouvelle branche révolutionnaire de la physique appelée la mécanique quantique, qui vint pulvériser la vision du monde matérialiste. Selon le physicien américain Amit Goswami, la mécanique quantique (ou physique quantique) est « un nouveau paradigme en science basé sur le primat de la conscience [...]. Ce nouveau paradigme résout de nombreux paradoxes de l'ancien paradigme et explique bien plus d'anomalies constatées ».

Amit Goswami propose (dans son livre *The Self-Aware Universe*) un modèle « panpsychique » qui stipule que tout vient de la conscience, y compris la matière, et que donc esprit et corps n'ont plus à être opposés ou séparés par un dualisme. Ce modèle satisfait au principe du rasoir d'Ockham, c'est-à-dire qu'il explique avec le plus de simplicité possible tous les comportements bizarres ou paradoxaux (selon le modèle matérialiste prédominant actuellement) des particules subatomiques constatés par la physique quantique, il explique aussi très simplement les capacités non locales parapsychologiques de la conscience, et tous les phénomènes spirituels, devenus possibles, normaux, logiques et cohérents dans un univers reconnu comme un, conscient et relié. La conscience de soi, le lire arbitre, la créativité, les expériences de mort imminente, le chamanisme, les perceptions extrasensorielles trouvent une explication simple et satisfaisante quand le problème corps-esprit est reformulé dans le contexte global du panpsychisme et de la théorie quantique. C'est la conscience et non pas la matière qui nous connecte les uns aux autres et avec le monde. C'est la conscience qui réduit les objets quantiques (paquets d'ondes pouvant être à plusieurs endroits à la fois), pour les réduire en particules bien localisées à un endroit.

Chez l'être humain, la conscience prend l'aspect « d'une connaissance, intuitive ou réflexive immédiate, que chacun a de son existence et de celle du monde extérieur » (*Larousse*). Être conscient, c'est donc avoir la certitude d'exister.

Dans le cosmos, la conscience prend la forme de qualités d'autoréflexion, de libre choix, d'intelligence, et de poursuite d'un but, qui caractérisent le fonctionnement de l'univers, et que Gary Schwartz décrit par l'acronyme GOD : *Guiding* (qui guide), *Organizing* (qui organise) et *Designing* (qui conçoit).

Il est déjà montré scientifiquement que la conscience peut avoir un fonctionnement « non local », c'est-à-dire être indépendante du temps (pré-cognition, rétro-cognition) ou de l'espace (clairvoyance, vision à distance). Elle peut également se connecter directement à d'autres consciences, au-delà du fonctionnement des sens (télépathie), et agir sur la matière (psychokinèse) : ces faits, dits « parapsychologiques », ont été démontrés en laboratoire ces cent dernières années (voir les travaux de Dean Radin, Charles Tart, ou Larry Dossey ; voir surtout l'ouvrage magistral de E. F. Kelly et E. W. Kelly : *Irreducible Mind. Toward a Psychology for the 21st Century*). Chez certaines personnes, la conscience peut aussi sortir du corps, et percevoir ainsi son propre corps à distance et prendre connaissance d'autres faits réels se produisant loin du corps (OBE – *Out-of-Body Experience*). La conscience est indépendante du corps à ce moment-là. On parle de conscience non locale, ou conscience quantique, ou conscience intuitive.

« Je fais désormais la distinction entre une conscience analytique et une conscience intuitive », explique l'anesthésiste-réanimateur Jean-Jacques Charbonier. La première est reliée à nos cinq sens. Elle nous situe dans le temps et l'espace… Et occupe, au quotidien, toute la place. Quand elle se met en veilleuse, un autre champ de conscience peut se faire entendre, relié aux capacités méconnues qui sont en nous. Comme s'il y avait quelque chose derrière le bruit de notre mental, de nos perceptions ordinaires… « Des champs cachés, des informations qui seraient là, mais qu'on n'aurait pas appris à capter ni activer. » Plongés dans un état d'immobilité physique et de silence sensoriel, les comateux pourraient, eux, y avoir accès, « même s'ils n'en gardent que très rarement la mémoire », souligne le Dr Charbonier.

Loin de se considérer comme un « sentimentaliste crédule », le neurochirurgien américain Eben Alexander a fini par se ranger à cette hypothèse. « Le cerveau – en particulier son hémisphère gauche, celui qui génère notre sens de la rationalité et la sensation d'être un soi bien défini – est un obstacle à notre connaissance et à notre expérience supérieure », écrit-il dans son *best-seller Le Paradis existe*.

Le grand neurologue Dominique Laplane a montré l'existence d'une conscience pure et distingue la conscience et les contenus de la conscience. L'existence d'une conscience pure ou d'un « état de conscience vide », pendant lequel le sujet reste conscient bien que rien ne se passe dans son esprit, prouve que l'on ne peut pas identifier la conscience avec l'ensemble de ses contenus.

Dans *Mort ou pas?*, le cardiologue Pim Van Lommel[7] affirme même que cette « pure conscience » n'est pas le fruit du cerveau. « Les mesures de l'activité cérébrale indiquent que les réseaux neuronaux jouent un rôle dans la manifestation de pensées, de sensations et de souvenirs, mais pas nécessairement qu'ils les produisent et les emmagasinent », note-t-il. La conscience serait alors non locale, « le cerveau et le corps ne fonctionneraient que comme des stations relais recevant une partie de la conscience totale », dissociée de la matière... Le cerveau semble n'être qu'un récepteur de cette conscience pure, et non son producteur. Les PPM nous montrent d'ailleurs que quand le cerveau ne fonctionne plus du tout, qu'il n'y a plus du tout d'activité ni d'échanges électrochimiques à l'intérieur de lui et que l'électroencéphalogramme est plat du fait d'un arrêt cardiaque depuis plus de vingt secondes, il existe en fait une activité accrue de la conscience, qui devient plus performante, plus lucide, et retrouve ses capacités non locales. Quand les matérialistes disent que le cerveau produit la conscience, alors que quand celui-ci s'arrête de

7. Van Lommel, 2012.

fonctionner la conscience est encore plus vive, cela semble donc en totale contradiction.

Et, si le cerveau est un récepteur, pourquoi ne pourrait-on pas, en changeant de « chaîne », ou de fréquence, entrer en contact avec d'autres consciences, comme celles des défunts ? Ervin Laszlo, dans la postface de son ouvrage collectif *L'Expérience akashique*, parle de la capacité de notre cerveau à capter de l'information par la voie quantique. Notre cerveau (comme probablement le reste de notre corps) est un système quantique macroscopique, c'est-à-dire qu'il possède des structures capables d'être le siège de phénomènes quantiques cohérents, c'est-à-dire en phase et ordonnés. Le fonctionnement quantique du cerveau lui permet donc logiquement d'interagir avec la conscience individuelle et avec les consciences des défunts, qui, elles aussi, suivent les lois du monde quantique.

Karl Lashley a fait toute une série d'expériences pour tenter de découvrir les zones du cerveau qui conserveraient l'empreinte de la mémoire[8]. Il apprenait à des rats à trouver leur chemin dans un labyrinthe puis ôtait des parties de leur cerveau. Au grand étonnement

---

8. Karl Lashley, *The Behavior of the Rat in latch Box Situations*, Johns Hopkins Press, 1935.

de Lashley, leur souvenir du labyrinthe persistait alors qu'il leur restait trop peu de cerveau pour faire quoi que ce soit d'autre. Lashley passa près de trente années de sa vie à chercher la localisation de la mémoire dans le cerveau. Il ne la trouva jamais. La mémoire est stockée hors du corps, selon le prix Nobel John Eccles : des recherches montrent que, déjà dans l'utérus, le bébé peut mémoriser des événements précis, qui peuvent être remémorés et vérifiés à l'âge adulte, alors que son cerveau n'est pas assez mature et développé pour mémoriser par lui-même.

Le chercheur en physique quantique Emmanuel Ransford dit très justement que « conscience et mémoire sont sans domicile fixe dans notre cerveau[9] ».

Je vais m'attacher à vous montrer que l'étude des phénomènes périmortels permet de montrer une autre propriété de la conscience : celle de sa vie propre, indépendante de la vie ou de la mort du cerveau. Donc montrer aussi les faits qui indiquent la survie de la conscience (de l'âme) après la mort du corps. Que sont ces phénomènes périmortels ? Il s'agit des expériences vécues juste avant de mourir (NDA), juste au moment du mourir (NDE), ou après la mort

9. Ransford, 2013.

(ADC), ou même lors d'une réincarnation suivante (VA – vie antérieure). Dans chacune de ces expériences, le sujet est en contact avec des défunts, avec le monde de l'au-delà, avec la lumière. Les études indiquent qu'il s'agit des différentes étapes d'un même processus, celui du mourir (mourir du corps, mais renaissance de la conscience dans toutes ses capacités).

Les faits en faveur de l'hypothèse d'une conscience indépendante du cerveau et d'une survie de la conscience après la mort

Pour tous les PPM (NDA, NDE, EMP, ADC, VA)

Les études montrent que ces phénomènes ne sont pas liés à des troubles cérébraux (hypoxie, épilepsie, maladies) ni à d'éventuels médicaments administrés, ni à des troubles psychiques (hallucinations, confusion, mécanismes de défenses psychologiques contre la peur de la mort, etc.) et ne dépendent pas des données sociales, religieuses ou culturelles.

Ces phénomènes, qui ont existé en tout temps et en tout lieu, avant d'être écartés et ignorés par la science matérialiste moderne, ont une structure commune et universelle quels que soient la race, la religion, la culture, la personnalité, le niveau d'éducation, le sexe et l'âge. Ces PPM sont extrêmement positifs pour ceux qui les vivent (sensation d'amour et de paix, perte de la peur de la mort…), et sont ressentis comme totalement réels par les centaines de millions de gens qui en ont fait l'expérience, gens parfaitement sains d'esprit, qu'ils soient athées, agnostiques, ou croyants. Ils induisent par la suite des changements psychologiques bénéfiques profonds et durables (humeur, conception de la vie et de la mort, etc.). L'importance du caractère cumulatif des évidences décrites dans les PPM doit être prise en compte : la coïncidence entre témoignages de personnes n'ayant pas communiqué entre elles constitue la valeur de ces preuves prises ensemble. La certitude qui résulte de cette convergence ne repose pas sur la véracité supposée de chaque témoignage considéré séparément, mais sur l'improbabilité qu'une telle convergence de vues se produise par hasard ou par mensonge identique. Ces phénomènes se valident les uns les autres en décrivant des événements ou des informations identiques alors qu'ils apparaissent chez des gens très différents et dans des contextes très différents. Par exemple, les défunts rencontrés sont toujours vus baignés dans une lumière, en pleine forme et heureux, que ce soit dans les NDA, les NDE, les EPM, ou les ADC ; les défunts sont tous ressentis comme ayant évolué psychologiquement depuis leur mort, c'est-à-dire qu'ils se montrent pleins d'empathie, de bienveillance, et réconfortants à l'égard du vivant ou du mourant. Les gens ayant vécu plusieurs sortes de ces phénomènes (ex. : NDE, puis ADC) en ressentent l'identité, comme s'ils voyaient la même réalité sous différents points de vue, et les informations qu'ils en reçoivent sont identiques ou complémentaires d'une expérience à l'autre (ex. : ADC spontanée confirmée indépendamment par une ADC par l'intermédiaire d'un médium).

Tous les phénomènes périmortels peuvent être « partagés », c'est-à-dire que des accompagnants, des membres de la famille ou de l'équipe soignante ont décrit qu'ils voyaient ou vivaient les mêmes choses que le sujet concerné au premier degré, qu'ils ont eu les mêmes visions que lui ; or cela serait impossible s'il s'agissait d'hallucinations (dont le contenu ne peut être identique pour plusieurs personnes) ou de simples désordres biologiques du cerveau du sujet (dans ce cas-là, les accompagnants ne verraient rien, puisqu'ils sont en bonne santé…).

Tous ces PPM peuvent amener à voir les défunts alors qu'on ne sait même pas qu'ils sont morts, ni même qu'ils ont existé. La grande majorité des défunts rencontrés au cours de toutes les expériences périmortelles avaient entretenu, au cours de leur vie terrestre, des liens affectifs profonds avec la personne témoin : l'amour est un lien éternel plus fort que la mort ! Kübler-Ross[10] dit qu'« en général, les gens qui nous attendent de l'autre côté sont ceux que nous avons le plus aimés. On rencontre toujours ces gens en premier [...]. Vous êtes tout simplement reçu par ceux qui avaient le plus d'importance à vos yeux. »

Dans les PPM, les informations données par les défunts ou bien perçues par les mourants peuvent être vérifiées et validées ultérieurement.

Pour les NDE ou EMI

Le seul cas de Pamela Reynolds pourrait suffire à prouver, j'ai bien dit prouver, l'existence d'une conscience indépendante du cerveau et qui survit après la mort. En effet, cette femme a été mise en mort clinique volontairement, pour une opération chirurgicale, pendant près d'une heure. Elle a été « refroidie » à 15,5 °C et vidée de son sang. Son cerveau ne fonctionnait plus et ne réagissait plus, bien sûr, à aucune stimulation. Pendant sa mort, elle a pourtant vu les outils opératoires utilisés, a entendu les dialogues médecins-infirmiers (enregistrés sur

10. Kübler-Ross, 1991.

le « livre de bord » de l'opération), a gardé en mémoire à vie ce qu'elle a vécu et a eu en permanence conscience d'elle. À lui seul, son cas suffit à démontrer l'indépendance de la conscience vis-à-vis du cerveau ! Il signe l'arrêt de mort du modèle matérialiste. Certes, un combat d'arrière-garde est mené par certains matérialistes pour proposer une explication biologique au cas de Pamela Reynolds : le Dr Charbonnier démonte aisément un par un les arguments de ces détracteurs dans son livre *Les 7 bonnes raisons de croire à l'au-delà*[11]. Les mêmes conclusions « anti-matérialistes » peuvent être tirées du célèbre cas du neurochirurgien américain Eben Alexander, qui a vécu un coma de sept jours à cause d'une méningite à *Escherichia coli* qui aurait dû être mortelle et détruire définitivement les fonctions supérieures de son cerveau. Or Alexander a non seulement vécu une EMI très élaborée qu'il a totalement mémorisée, mais il s'en est finalement sorti sans séquelle alors que tous les médecins s'attendaient soit à sa mort, soit à sa « légumification définitive ». Voilà ce qu'il en dit lui-même :

> À ma connaissance, personne n'a jamais effectué ce voyage avec un cortex

11. Charbonnier, 2012.

> complètement hors service et sous une surveillance médicale durant sept jours de coma. Les principaux arguments avancés pour réfuter les expériences de mort imminentes induisent qu'elles sont le résultat d'un dysfonctionnement minime, transitoire ou partiel du cortex. Or, mon EMI n'est pas survenue pendant que mon cortex dysfonctionnait mais alors qu'il était totalement inactif. Un fait avéré par la gravité et la durée de ma méningite ainsi que par les scans et les examens neurologiques que j'ai subis. Selon les connaissances médicales actuelles sur le cerveau et l'esprit, il n'y avait absolument aucune chance que je conserve ne serait-ce qu'une lueur de conscience ténue et limitée durant cette période. À plus forte raison, il était impossible que je sois emporté dans cette odyssée éclatante et parfaitement cohérente[12].

Le sentiment d'« hyper-réalité » de ce qu'Alexander a vécu, la complexité et l'intelligence des messages qui lui sont parvenus auraient nécessité la pleine participation de son néocortex cérébral qui, dans son cas, était éteint par sa méningite bactérienne. L'état

12. Alexander, 2013.

d'hyper-conscience qu'il a vécu était donc indépendant de son cerveau.

On peut aussi citer le cas d'Anita Moorjani, dans un coma profond en 2006, au stade terminal d'un cancer lymphatique avec de multiples tumeurs réparties depuis la base du crâne jusqu'au thorax ainsi qu'au niveau de l'abdomen. Alors que tous les spécialistes qui l'entouraient la pensaient totalement inconsciente et ne lui donnaient pas plus de trente-six heures à vivre, elle avait la possibilité de tout percevoir de son entourage, et même à distance de son corps. Sa conscience se retrouvait dans une dimension où le temps n'existait pas ; tout arrivait simultanément, et elle avait également la possibilité de se déplacer à sa guise dans l'espace, sans aucune limite ni aucune contrainte. Séparée de son corps, elle percevait toutes les pensées de ceux sur lesquels elle portait son attention, elle vivait toutes leurs émotions, comme si elle ne formait qu'un seul esprit avec eux. Elle rencontra l'esprit de son père décédé dix ans plus tôt, qui lui dit qu'elle était un être magnifique comme tous les esprits incarnés et que sa maladie disparaîtrait aussitôt qu'elle le saurait car c'étaient uniquement ses peurs qui l'avaient rendue malade. Quand son père lui dit : « Maintenant tu dois retourner là-bas », Anita sortit de son coma et revint à la vie. En quelques semaines, elle fut entièrement guérie, son cancer avait totalement disparu, à la stupéfaction générale de ses médecins. En plus, la jeune femme fut en mesure de décrire tous les soins qui lui furent prodigués et de rapporter les conversations tenues à son propos à distance de son corps physique, alors que tout le monde la pensait totalement inconsciente.

Le niveau de conscience et d'éveil pendant la NDE est en général plus élevé que celui de la vie quotidienne, alors que le cerveau est à l'arrêt chez la personne, qui est inconsciente ou cliniquement morte (EEG plat, absence de réflexes, cœur et respiration à l'arrêt). Si le cerveau produisait la conscience, ce devrait être l'inverse ! En outre, malgré l'arrêt de fonctionnement du cerveau, les éléments de l'expérience suivent généralement un ordre logique et cohérent, la conscience restant parfaitement lucide et capable de mémorisation (mémorisation indépendante du cerveau donc aussi).

Chez les gens ayant un arrêt cardiaque et devenant « inconscients », ceux ayant une NDE sont totalement semblables à ceux n'ayant pas eu de NDE, pour tous les facteurs suivants : médicaments, électrolytes, gaz du sang (hypoxie notamment), croyances religieuses ou autres facteurs culturels ; ces facteurs ne peuvent donc pas être tenus pour responsables de la NDE (qui n'est donc pas une hallucination induite pas des troubles de cet ordre).

Ce que les gens qui font une NDE voient et entendent lorsqu'ils sont sortis de leur corps est en général très réaliste et souvent vérifié et validé plus tard par eux ou par les témoins qui étaient présents (ex. : personnel soignant de la salle d'opération). Au moment où leur conscience quitte leur corps, ils observent les soins qu'ils reçoivent, et sont ensuite capables de relater les conversations des médecins et des détails sur la salle d'opération et l'équipement utilisé sur eux, sans que leurs sens ordinaires corporels (vue, audition…) soient utilisés (puisque la personne est complètement inconsciente, yeux fermés, et que son cerveau ne répond plus). Ils sont parfois capables d'aller visiter, uniquement en conscience, des lieux éloignés (salle d'attente, salle des infirmières, maison où réside leur famille) et de voir ou entendre des événements qui s'y déroulent, et qui seront confirmés par la suite par ceux qu'ils concernent (ex. : description exacte des gens présents en salle d'attente, de leurs vêtements, de leur comportement, de leurs paroles, etc.). Le cardiologue Michael Sabom[13] a fait une étude systématique des sorties hors du

---

13. Sabom M.G., *Souvenirs de la mort*, Robert Laffont, 1992.

corps lors de NDE. Grâce à son accès aux dossiers des patients, il a pu vérifier de nombreux détails techniques dans les récits d'expériences hors du corps faites par les patients, lors de procédures d'intervention médicale d'urgence effectuées sur leur corps virtuellement mort. Ces sujets décrivirent avec une grande précision les procédures qui avaient été pratiquées nettement au-delà de leur champ de vision corporel. Sabom utilisa un groupe contrôle fait de patients ayant eu les mêmes problèmes médicaux, notamment une NDE, mais sans sortie hors du corps. Quand il leur demanda de décrire ce qu'ils pensaient qu'il s'était passé dans la salle d'intervention d'urgence pendant qu'ils vivaient leur NDE, ces patients contrôles firent des descriptions qui contenaient beaucoup d'inexactitudes et une corrélation très faible, même de manière générale, avec les faits. Sabom ayant commencé cette étude en tant que « sceptique » vis-à-vis des NDE, il prit grand soin de conduire ses investigations et d'évaluer ses découvertes en accord avec les critères les plus rigoureux de la méthodologie psychologique expérimentale.

Une vision normale ou supérieure à la normale (ex. : vision à 360°, capacité de la vision à zoomer sur des détails) se produit pendant la NDE, même chez des aveugles de naissance (qui peuvent alors voir autour d'eux les couleurs des chemises, les rayures des cravates, les aspects des soignants présents dans la salle d'opération, etc.). On appelle cela une « vision de la conscience », par opposition à la vision cérébrale classique.

Des NDE typiques surviennent aussi sous anesthésie générale à un moment où toute expérience consciente devrait être impossible. Parce que les choses vécues lors d'une NDE surviennent à un moment où le cerveau ne fonctionne plus (plus d'activité électrique, plus de réflexes), on ne peut attribuer les NDE à des hallucinations ou à des fantasmes que le cerveau ne peut à ce moment-là pas produire !

La « revue de vie » lors des NDE comporte les événements qui ont vraiment eu lieu lors de la vie du sujet, même pour des événements très anciens et oubliés, de manière très claire et ordonnée, avec obtention de vives prises de conscience salutaires. Parfois, lors de la revue de vie, les sujets ont des aperçus de leur vie future (des pré-cognitions) qui se réalisent par la suite. Un cerveau moribond produisant une activité aléatoire chaotique (hypothèse des scientifiques matérialistes pour « tenter » d'expliquer les NDE) ne saurait produire de telles prouesses. Pour les sceptiques, la revue de vie est liée à un cerveau qui dysfonctionne ; donc les choses perçues devraient être distordues ou erronées. Eh bien non, au contraire, elles sont plus complètes, claires et précises que lors d'un état de conscience ordinaire : elles sont donc produites par une conscience qui fonctionne mieux et non pas par un cerveau souffrant (la souffrance du cerveau permet simplement à la conscience de s'en détacher et de retrouver ses propriétés naturelles). Dans l'étude de Long[14], aucune des revues de vie des quatre-vingt-huit expérienceurs les ayant vécues ne contenait des faits qui soient jugés irréalistes ou inexacts, ni par eux-mêmes, ni par un évaluateur extérieur ! Lors de la revue de vie, certains sujets voient même des scènes de leur vie future (un tiers selon Greyson[15]), qui se dérouleront exactement à l'identique plus tard après leur retour à la vie.

Certains soupçonnent que la diffusion par les médias de témoignages d'EMI a induit des « faux témoignages d'EMI » ou ont influencé les gens dans le coma pour leur faire « rêver » ces choses-là. Mais les NDE des enfants, y compris d'enfants très jeunes (même de trois ans), sont de manière frappante identiques à celle des enfants plus âgés et des adultes : et pourtant,

---

14. Long et Perry, 2010.

15. Greyson B., « Increase in Psychic Phenomena Following Near-Death Experiences », Theta, 198: 26-29.

ces enfants n'ont pas eu le temps d'être conditionnés culturellement ou par les médias vis-à-vis des NDE. De même Platon, racontant l'EMI du soldat Er dans *La République*, ne devait pas avoir eu connaissance des médias modernes ! Les NDE sont des expériences ayant une structure et un contenu remarquablement partagés dans le monde entier. Les NDE des pays non occidentaux sont semblables aux NDE typiques des pays occidentaux. De simples hallucinations ou rêveries donneraient des phénomènes très disparates et très dissemblables entre les individus !

Il est habituel, pour les gens ayant vécu une NDE, d'expérimenter de grands changements dans leur vie comme des effets positifs au long cours. Ces effets sont généralement puissants et durables, et les changements ont des caractéristiques générales identiques chez tous. Ce ne pourrait être le cas si les NDE n'étaient que le signe d'un fonctionnement pathologique du cerveau ! Morse a étudié plus de 400 personnes, certaines ayant vécu lors de l'enfance des NDE et d'autres non[16]. À l'aide de questionnaires, il a exploré les effets secondaires à long terme des NDE de l'enfance. Il a montré des changements profonds et réels qui ne peuvent être « simulés » ;

---

16. Morse, 2002.

il en conclut que les NDE sont réelles car leurs effets à long terme sont réels : moins de peur de la mort, plus d'enthousiasme et de goût pour la vie, des capacités parapsychologiques accrues et une plus grande intelligence. Il est donc intéressant de voir l'absurdité où peut conduire le raisonnement matérialiste : un cerveau lésé ou en dysfonctionnement par souffrance cérébrale (hypothèse matérialiste pour expliquer la NDE) crée-t-il plus d'intelligence ? Alors pourquoi ne pas mettre les gens en hypoxie pour les rendre plus intelligents, si l'on suit ce raisonnement insensé ?

Lors de NDE, les gens rencontrent des êtres qu'ils avaient connus sur Terre, qui sont quasiment tous décédés (la grande majorité étant des parents proches). Parfois, ils ignoraient que ces gens étaient déjà morts et ne l'apprennent qu'après leur sortie de NDE.

Si les rencontres avec d'autres êtres faites pendant les NDE (en dehors des gens réels vus en OBE, ou bien des gens vus lors de la revue de vie) n'étaient qu'un produit du fonctionnement cérébral, on s'attendrait à ce que les êtres rencontrés soient ceux présents dans la mémoire à court terme de l'individu, c'est-à-dire rencontrés récemment, ou bien auxquels l'individu pense fréquemment ; eh bien, au contraire, ils voient des amis et des membres de la famille qui sont morts, qui plus est des gens auxquels dans bien des cas ils n'ont pas pensé depuis des années ou même des décennies. Le pourcentage de visions d'individus décédés durant une NDE, surtout des membres de la famille, est si haut que ces rencontres avec des personnes aimées ne peuvent être simplement le fruit du fonctionnement aléatoire d'un cerveau mourant effrayé et confus, mais, au contraire, elles constituent un argument fort pour parler de réalité des expériences de NDE[17]. Dans l'étude d'Emily Williams Kelly en 2001 sur des personnes ayant vécu une NDE, seuls 4 % des sujets avaient rencontré des êtres qui étaient encore vivants au moment de la NDE[18]. Or, lors de rêves ou d'hallucinations, les êtres rencontrés sont beaucoup plus souvent des gens encore vivants. Autre élément montrant que ces rencontres ne sont pas des hallucinations, le fait que dans un certain nombre de cas de NDE, les rencontres efectuées durant l'expérience concernent des êtres qui semblent familiers mais que le sujet ne reconnaît pas : en fait, il ne les reconnaît que plus tard, après la NDE, comme étant des membres décédés de la famille, souvent en regardant de vieilles photo-

17. Long et Perry, 2010.

18. Kelly E. W., « Near-Death Experiences with Reports of Meeting Deceased People », Death Studies, 2011, 25: 229-249.

graphies de famille[19]. Ainsi, ce jeune homme interviewé par Pim Van Lommel :

> Pendant ma NDE à la suite d'un arrêt cardiaque, j'ai vu à la fois ma regrettée grand-mère et un homme qui me regardait affectueusement, mais que je ne connaissais pas. Plus de dix ans plus tard, sur son lit de mort, ma mère m'a avoué que j'étais né d'une relation extraconjugale. Mon père naturel était un juif déporté et tué pendant la Seconde Guerre mondiale. Elle m'a montré une photo de lui. L'inconnu que j'avais vu dix ans plus tôt était mon père biologique.

De même, Eben Alexander a vu sa sœur décédée lors de son EMI, mais il ne savait pas qui elle était, car il ne découvrit son existence et ne vit une photo d'elle que plusieurs mois après être sorti du coma pendant lequel il avait vécu son EMI. Enfin, dernier argument de poids, le fait que des sujets rencontrent des personnes qu'ils croient vivantes lors de leur NDE, pour apprendre finalement, au sortir de leur NDE, que ces personnes sont en réalité décédées (soit depuis longtemps, soit au moment de la NDE,

19. Long et Perry, 2010 ; Van Lommel, 2004 ; Kelly et *al.*, 2007.

comme lors d'une mort simultanée de deux membres d'une même famille vivant à distance et sans nouvelles l'un de l'autre[20]). Un cas typique et spectaculaire, que l'on retrouve dans les différents PPM est celui d'un enfant qui, après une NDE, dessine à ses parents l'image d'une petite fille qu'il a rencontrée durant la NDE. Quand il raconte ce qu'il a dessiné, les parents, stupéfaits, y reconnaissent la description d'une sœur décédée par accident de voiture avant la naissance de cet enfant, événement qui lui avait été caché et dont il ne connaissait donc pas l'existence[21]. Donc, en résumé, l'argument des sceptiques disant que les gens faisant une NDE voient des défunts à cause de leurs « attentes inconscientes » ne peut pas expliquer les cas de NDE où les sujets ne connaissaient pas le défunt, ou bien ne savaient pas que la personne était déjà décédée au moment de leur NDE.

Quelques réflexions supplémentaires encore : Susan Blackmore, une sceptique réputée vis-à-vis des NDE, attribue la « revue de vie » à des mécanismes de défense psychologique qui permettraient une « fuite imaginaire dans un moment hors du temps, fait de souvenirs du passé » : cette explication n'est pas plausible

20. Long et Perry, 2010, p. 127-129.

21. Exemple dans le livre de Van Lommel, 2004, p. 78.

quand on constate que les souvenirs évoqués dans la revue de vie sont loin d'être tous plaisants! De plus, certaines NDE surviennent suite à un accident brutal et imprévisible au cours duquel le sujet perd conscience avant même d'avoir pu comprendre ce qui lui arrive : les mécanismes de défense évoqués par Blackmore n'auraient pas le temps de se mettre en place. Il en est de même pour les revues de vie lors de NDE se passant sous anesthésie générale : normalement, la personne faisant une NDE ne devrait pas être capable de percevoir quoi que ce soit. Une autre suggestion des sceptiques est que la revue de vie n'est que le produit de décharges électriques dans les centres de la mémoire du cerveau mourant : les travaux du neurochirurgien Wilder Penfield sont souvent cités comme la preuve que des stimulations électriques du cerveau peuvent créer de nombreux éléments de l'expérience de NDE : or les recherches plus poussées des Dr Kelly et Greyson ont montré que les stimulations électriques du lobe temporal, faites avec des procédures semblables à celles de Penfield, créent surtout des phénomènes de peur et d'anxiété, avec des expériences fragmentaires et pleines de distorsions, qui n'ont rien à voir avec le caractère cohérent, clair, hautement organisé et structuré des expériences de la NDE. Les sceptiques citent aussi les études du Dr Olaf Blanke qui a produit des expériences de type OBE à partir de stimulations électriques du cerveau : or ces soi-disant OBE consistent seulement en ce que le sujet voit du dessus ses jambes et la partie inférieure de son tronc (et non pas tout le corps et le milieu environnant comme dans les NDE) avec, en plus, des distorsions visuelles que l'on ne retrouve pas dans les sorties hors du corps des NDE[22] ; d'autres chercheurs[23] ont aussi montré que les expériences créées par stimulation électrique du cerveau ou lors de crises d'épilepsie (au cours desquelles existent des décharges électriques anormales dans certaines zones du cerveau comme le lobe temporal, siège de la mémoire) sont quasiment toujours différentes des différents éléments vécus lors d'une NDE.

De toute façon, les « sceptiques-matérialistes-réductionnistes » se comportent face aux NDE et aux PPM en général comme un aveugle qui dirait qu'un éléphant, ça n'existe pas, parce qu'il n'en a jamais vu un et qu'on ne lui présente que des bouts découpés de cet animal : il comparera alors ce qu'il touche à des

---

22. Holden J. *et al.*, « Out-of-body experiences: All in the Brain? » *Journal of Near-Death Studies*, 2006, 25, 2: 99-107.

23. Gloor *et al.*, "The Role of the Limbic System in Experiential Phenomena of Temoral Lobe Epilepsy", Annals of Neurology, 1982, 12: 129-144 ; Devinsky *et al.*, "Autoscopic phenomena with seizures", Archives of Neurology, 1989, 46: 11111080-1088.

objets déjà connus par lui (par exemple, à propos de la trompe, il dira : « Ce n'est qu'un tuyau »). Ainsi, les réductionnistes ne prennent que des petits bouts séparés de la NDE et tentent de les comparer à des choses qu'ils connaissent mais qui n'ont que des liens très approximatifs, « pseudo-rationnels », et tirés par les cheveux, avec les phénomènes originaux de la NDE (qu'ils n'ont d'ailleurs jamais vue de près). Les hypothèses matérialistes des sceptiques n'ont jamais pu expliquer l'ensemble cohérent des phénomènes rencontrés dans la NDE.

La « théorie du cerveau mourant » requiert le passage du temps alors que de nombreuses expériences surviennent en quelques microsecondes chez des gens qui ne sont pas proches de la mort. Des dizaines d'explications réductionnistes ont été proposées, qui se sont toutes révélées plus tard comme ne s'appliquant qu'à un seul aspect de certaines NDE, ou ne se basant que sur un cas unique. Aucun modèle physiologique ou psychologique n'explique toutes les caractéristiques communes des NDE. Même si les facteurs biologiques et psychologiques peuvent bien sûr interagir de façon complexe en conjonction avec les NDE, les théories réductionnistes proposées jusqu'ici consistent en des spéculations entièrement dénuées de fondement sur ce qui pourrait arriver pendant une NDE. Aucun des mécanismes neurophysiologiques proposés n'a été objectivement observé pendant l'occurrence d'une NDE.

Morse[24] et Moody[25] ont bien illustré comment la lumière, caractéristique centrale des NDE, est la seule composante qui ne peut s'expliquer par des hypothèses biologiques ou psychologiques réductionnistes et matérialistes. La rencontre avec la lumière, dans les EMI, est l'élément le plus profondément associé aux transformations ultérieures positives de la personnalité. Dans les expériences de mort partagée, la rencontre avec la lumière semble avoir les mêmes effets positifs. Or l'expérience de la lumière n'a aucune origine connue dans le cerveau. Aucun scientifique n'a encore réussi à trouver l'origine anatomique de la lumière mystique. Quand on demande à des enfants de dessiner ce qui leur est arrivé lors de leur NDE, ils représentent presque toujours de la lumière. Ce qui est fascinant, dit Morse, c'est que ces enfants, parfois à peine âgés de deux ou trois ans, utilisent les mêmes descriptions de la lumière que le font les *leaders* spirituels des grandes traditions religieuses ou mystiques quand ils parlent de la lumière de Dieu. Si l'on prétend que l'expérience de la lumière n'est due qu'à un spasme lié à la mort dans le nerf

24. Morse, 1991.
25. Moody, 2010.

optique, alors comment pouvons-nous rendre compte et expliquer tous les processus de plus haut niveau qui y sont liés, tels l'amour inconditionnel, la vérité absolue et les sentiments profonds de joie et de paix ? La lumière des NDE n'apparaît jamais comme un *flash* lumineux qui s'estompe peu à peu, comme c'est le cas lors de la vision d'un point lumineux induite par un lobe occipital mal perfusé[26]. Si c'était un spasme morbide final du nerf optique, les patients diraient simplement : « J'ai vu une vive lumière aveuglante. » Si l'être de lumière n'était, selon une conception freudienne, que le « parent internalisé », le surmoi, comment se fait-il que cette lumière soit parfois visible par d'autres à l'extérieur du corps du mourant ?

Il existe des similarités entre les rêves et les NDE. Ils se déroulent au cours d'états modifiés de conscience et comportent de l'imagerie visuelle complexe, du langage symbolique et des structures du domaine imaginal. Ils peuvent être étudiés et explorés au niveau de leur signification, en utilisant les mêmes techniques de travail avec les rêves. Cependant, il existe aussi des différences majeures. Les rêves ne partagent pas une structure identique entre les rêveurs du monde entier, ils sont idiosyncrasiques.

26. Charbonnier, 2013.

De plus, les rêves ne sont habituellement pas mémorisés de manière aussi entière, cohérente et durable, sauf dans le cas rare des « grands rêves », mais, même alors, ils ne transforment pas la vie comme le font les NDE. En outre, les NDE incluent des éléments transcendants – un sentiment très fort d'être allé au-delà des frontières du monde matériel et d'avoir acquis la connaissance d'une autre réalité.

Un petit aparté, permettant de résumer l'état d'esprit qui devrait animer les chercheurs matérialistes aujourd'hui : en collaboration avec Jean-Pierre Jourdan, président et directeur de la recherche médicale de IANDS-France (International Association for Near-Death Studies), le Coma Science Group (Liège, Cambridge) s'est lancé depuis deux ans dans une grande étude des souvenirs de coma ou de mort imminente. Objectif : établir une immense base de données de témoignages, puis la passer au crible de l'analyse lexicale, biologique, phénoménologique… afin d'essayer d'identifier une explication cérébrale au phénomène. « Il est important que cette hypothèse soit explorée jusqu'au bout, scientifiquement, par des spécialistes reconnus », estime le Dr Jourdan, qui travaille depuis plus de vingt ans à montrer l'intérêt de ces récits dans la compréhension de la conscience. Oui mais… à condition de s'intéresser *vraiment* à leur contenu. « Jusqu'à maintenant, le monde scientifique les envisageait de loin, en arguant que l'altération ou la stimulation de certaines parties du cerveau pouvaient induire les phénomènes. Celle des lobes occipitaux, par exemple, provoquerait l'effet "tunnel" ou "lumière". Celle du lobe temporal droit, la sensation de sortir de son corps. » Mais il suffit de creuser un peu pour se rendre compte que ces explications ne tiennent pas la route. « Les gens ne décrivent pas seulement de la lumière, mais de l'amour, de la chaleur, quelque chose doté de caractéristiques précises. Parler de "tunnel", c'est aussi une simplification : certains évoquent une rivière, d'autres un escalier. Ce qu'il faut retenir, c'est une symbolique de passage. »

Idem avec les sorties hors du corps : si plusieurs recherches expérimentales ont décelé que l'hyper-activation de l'hippocampe (par exemple sous l'effet de la peur) pouvait en induire la sensation, cette découverte ne recouvre pas l'entièreté du phénomène. « Les gens ne témoignent pas d'un voyage astral peuplé de visions extravagantes, mais plutôt d'une perception aiguë de leur environnement – aussi banal soit-il. Ils disent s'être sentis partout à la fois, avoir pu voir simultanément dans toutes les directions. » Comme si leur conscience était alors située ailleurs, dans une dimension leur permettant d'englober la situation de l'extérieur, hors de toute contrainte spatio-temporelle, puis de revenir avec des informations qu'ils ne pouvaient pas, vu leur état, capter par leurs sens habituels.

« Quand on entreprend ce type de démarche scientifique, ce n'est pas pour y prendre que ce qui vous intéresse et occulter le reste, poursuit le Dr Jourdan. À partir de bases sérieuses et solides, il faut avancer dans l'exploration, en osant se poser les bonnes questions. Si le Coma Science Group parvient à expliquer l'ensemble des caractéristiques de ces expériences par la neurologie ou la neurochimie, bravo. Mais si certains aspects restent inexplicables, il faudra le reconnaître. » Et oser alors investiguer d'autres pistes, quitte à bousculer les postulats actuels de la science et ce qu'on croit savoir des règles qui régissent le vivant.

Pour les EMP : « Les expériences de mort partagées sont encore plus intéressantes que les EMI pour prouver l'après-vie[27]*. »*

Les EMP contiennent quasiment toutes les composantes des EMI sauf qu'elles sont vécues par des personnes en bonne santé en contact avec la mort d'autrui. Avec elles, on ne peut donc plus dire que les EMI seraient des hallucinations

27. Moody, 2010.

provoquées par le processus de mort cérébrale. Les EMP prouvent donc que bien des éléments constitutifs de l'EMI – décorporation, rencontre avec des parents défunts, communication avec des êtres de lumière, expérimentation d'une revue de vie, passage dans un tunnel, accession à un royaume céleste, être baigné d'une lumière aimante – peuvent être vécus par des personnes dont le cerveau n'est pas troublé par des médicaments, de l'hypoxie, ou des dysfonctionnements liés au processus de la mort. De plus, une même EMP peut être vécue simultanément par plusieurs personnes présentes au chevet du mourant, ou même lorsque certaines de ces personnes sont très à distance géographiquement de celui-ci. Lors de la revue de vie en commun, le sujet vivant l'EMP voit défiler la vie du mourant (panoramique et en 3D), apprenant parfois des choses sur le passé de celui-ci, qu'il ignorait totalement jusqu'alors, et qui s'avéreront justes après vérification. Concernant la brume qui s'élève du mourant au moment précis de sa mort, il serait ridicule d'y voir une hallucination, dans la mesure où ceux qui en parlent racontent qu'elle se forme toujours à l'instant précis où l'être cher meurt. S'il s'agissait d'une hallucination, cela n'aurait aucun sens qu'elle apparaisse au même moment (ni qu'elle soit vue simultanément par plusieurs témoins).

La découverte des EMP et de ces différentes caractéristiques devrait modifier le fond du débat sur l'existence de l'âme et de l'au-delà. Selon l'hypothèse matérialiste du « cerveau mourant », tous les éléments de l'EMI seraient des hallucinations du cerveau à l'approche de la mort fonctionnelle imminente. Mais si l'on peut vivre ce genre d'expérience sans être sur le point de mourir ? Si l'on peut sortir de son corps, voir des parents morts, passer dans un tunnel mystique et assister au film d'une vie alors qu'on n'est pas en danger de mort ? Que signifie la possibilité de vivre tout cela quand on est en bonne santé ? Et quand le mourant et le vivant partagent exactement la même expérience (voient les mêmes défunts, entendent la même musique céleste ou les mêmes paysages édéniques) en même temps, n'est-ce pas aussi une validation de l'expérience du mourant par celle du vivant et vice versa ? Parfois même[28] les témoins prennent en photographie la lumière qui quitte le corps du mourant, et celle-ci apparaît sur la photo. Là encore l'« hallucination » n'est plus une explication valable.

Pour les NDA (visions des agonisants)

Dans les visions de défunts venant accueillir la personne au seuil de sa mort, l'agonisant ne sait parfois pas que la personne est déjà morte

28. Wills Brandon C., *Heavenly hugs*, New Page Books, 2012.

(par exemple, décès récent qu'on lui a caché pour ne pas le perturber), ou même il ne la reconnaît qu'un peu plus tard (s'il a survécu) sur un album de photos de famille, alors qu'on ne lui avait jamais parlé de cette personne auparavant.

Certaines expériences sont « partagées » entre les accompagnants et les agonisants : certains accompagnants perçoivent, en même temps que le mourant, la présence de défunts venus chercher le patient (visions, audition de voix, etc.). D'autres accompagnants voient lors de la mort de l'agonisant une lumière entourant la personne, un tunnel, ou des formes (dans le « brouillard » souvent) qui quittent ensuite le corps. Des phénomènes physiques constatés par les personnes présentes peuvent se produire en même temps que la mort comme un arrêt d'horloge, un verre qui explose au moment même où la personne a la vision d'un défunt qui vient l'emporter, ou des comportements d'animaux bizarres. Lorsque les visions des NDA (apparition de parents décédés, de lumière) apparaissent aussi aux personnes saines venues au lit du malade, on est alors sûr, par définition, que ce ne sont pas des hallucinations[29]. Quelques autres arguments encore (Osis

29. Fenwick P. et Fenwick E., *The Art of Dying*, Continuum, 2008.

et Haraldsson[30], Rawlings[31], P. et E. Fenwick[32], Barrett[33], Callanan) :

- Les patients prenant des sédatifs connus pour induire des hallucinations connaissent moins de NDA que ceux qui ne prennent aucun traitement. De plus, les hallucinations liées aux médicaments concernent généralement le monde ordinaire et ne contiennent pas de visions d'un autre monde ou d'une autre existence.
- On ne peut suspecter les médicaments antalgiques d'être à l'origine des NDA, même s'ils sont connus pour provoquer des hallucinations dans un petit nombre de cas : en effet, les patients en suite postopératoire des services de chirurgie reçoivent les mêmes médicaments mais ne font jamais de NDA (sauf si l'heure de leur mort est venue).

---

30. Osis K., Haraldsson E., *Ce qu'ils ont vu. Au seuil de la mort*, Le Rocher, 1982.

31. Rawlings M., *Derrière les portes de la lumière. Expériences aux frontières de la mort négatives et positives*, Le Jardin des Livres, 2006.

32. Fenwick P. et Fenwick E., *ibid.*

33. Barett W., *Death-Bed Visions – The Psychical Experiences of the Dying*, publié initialement en 1926, Éditions The Aquarian Press, 1986.

- Les maladies qui sont connues pour provoquer des hallucinations s'accompagnent en fait moins souvent de NDA (autrement dit, les patients atteints de maladies ne provoquant pas par elles-mêmes d'hallucinations expérimentent plus souvent des NDA, en comparaison).
- Les patients qui font l'expérience de l'au-delà ont des visions qui ne correspondent pas toujours à leurs croyances (religieuses ou non) antérieures sur l'au-delà : notamment, les expériences d'enfer et de démons sont quasiment absentes ; les mourants « voient » la plupart du temps quelque chose qui ne leur a jamais été enseigné et qui était tout à fait inattendu pour eux (si c'était une hallucination ou un fantasme produit par le mental, cela serait congruent à leur croyance antérieure ou à leur conditionnement conscient ou inconscient).
- Les NDA semblent être sans rapport avec les souhaits profonds des patients, et ne pas se produire chez ceux à qui on aurait pensé de prime abord. Ainsi, elles sont aussi fréquentes chez les patients qui pensent pouvoir se rétablir que chez ceux qui se savent en train de mourir.
- Le déroulement de la NDA est très peu sensible aux différences de culture et de

religion. Ainsi, l'étude d'Osis et Haraldsson, comparant les USA et l'Inde, conclut que « les similitudes qui existent entre les deux pays quant à l'essentiel des visions précédant la mort parlent d'elles-mêmes et appuient de toute évidence l'hypothèse de la survie de la conscience après la mort ».

– Plus le patient est lucide et plus son contact avec la réalité est demeuré intact, plus il a de chances de faire des NDA très précises, nettes, et lui semblant « plus réelles que la réalité » ; d'ailleurs, souvent les patients vivant une NDA sont tout à fait capables de tenir une conversation extrêmement sensée et cohérente avec les personnes réelles présentes dans leur chambre, en même temps qu'ils peuvent converser avec les êtres venus de l'au-delà pour l'accompagner dans la mort ; le patient sait que les gens présents ne peuvent pas voir ses visions (alors que la personne hallucinée délirante croit que les autres personnes voient et entendent comme elle).

– Les hallucinations induites par les médicaments sont de contenus et de qualités différents comparés à ceux des visions dans les NDA, et leurs effets sur les patients sont très différents (pas de sens, effet négatif pour les hallucinations/sens éclairant et évident, effet positif et réconfortant, acceptation de la mort, pour les visions des NDA). Les infirmières de soins palliatifs travaillant quotidiennement avec des mourants peuvent assister à de nombreuses NDA au cours de leur carrière, et se disent tout à fait capables de faire la différence entre NDA et hallucinations pathologiques (Callanan[34] ; Fenwick[35]).

– Quand l'hallucination est due à un médicament, elle cesse quand on arrête la prise du médicament ; les NDA constituent un processus qui se déroule indépendamment des fluctuations du traitement médicamenteux.

Un cas particulier de la NDA est appelé « expériences de lucidité terminale » (*terminal lucidity*). Ce sont des cas où les patients atteints d'affection psychiatrique (Alzheimer, troubles affectifs graves ou schizophrénie par exemple[36]) ou d'affections neurologiques graves (tumeurs, infarctus ou abcès cérébraux,

---

34. *Final Gifts*, 1992.

35. Fenwick P. et Fenwick E., *The Art of Dying*, Continuum, 2008.

36. Nahm M., Greyson, B., « *Terminal lucidity in patients with chronic schizophrenia and dementia: a survey of the literature* », *J. Nerv. Ment. Dis.*, 2009, 197, 942-944.

méningites, démences, etc.[37]) retrouvent subitement et totalement leur clarté mentale et leur mémoire quelques minutes à quelques jours avant leur mort, redeviennent capables de tenir des discours sensés et rationnels avec leurs proches, alors qu'ils étaient depuis parfois plusieurs années psychiquement ou neurologiquement incapables de communiquer, plongés dans la confusion, avec même dans certains cas une grande partie du cerveau détruite. Ces cas montrent que la conscience peut redevenir intacte même lorsque l'état du cerveau ou du psychisme devrait y faire obstacle ou la rendre impossible, si le cerveau était à l'origine de la conscience… L'étude de Brayne[38] montre que sept soignants sur dix, dans une équipe de soins palliatifs, avaient observé des patients déments et confus redevenir lucides quelques jours avant leur mort, durant les cinq dernières années de leur pratique. L'étude de Fenwick[39]

---

37. Nahm M., Greyson B., Kelly E. W., Haraldsson E., « *Terminal lucidity: a review and a case collection* », Arch. Gerontol. Geriatr. 2012, 55,1:138-142.

38. Brayne S., Lovelace H., Fenwick P. and coll. « *End of Life Experiences and the Dying Process in a Gloucestershire Nursing Home as Reported by Nurses and Care Assistants* », *American Journal of Hospice and Palliative Medicine*, 2008, 25, 3 : 195-206.

39. Fenwick P. et Fenwick E., *The Art of Dying*, Continuum, 2008.

montre aussi que dans toutes les unités de soins palliatifs où ont été interviewés des soignants, ceux-ci avaient vu de leurs propres yeux des patients antérieurement confus qui redevenaient subitement suffisamment lucides, les derniers jours de leur vie, pour reconnaître et dire au revoir à leurs proches et soignants.

Pour les ADC

Les gens peuvent avoir un contact avec le défunt (ADC) au moment même de la mort de celui-ci, sans qu'ils ne puissent l'anticiper ni s'y attendre (ex. : défunt qui était jeune et en bonne santé et qui meurt brusquement d'un accident de la route), et ils n'apprennent la nouvelle de la mort qu'après avoir fait l'ADC (ce qui élimine l'hypothèse que l'ADC soit due aux effets psychologiques du deuil).

Les gens peuvent vivre une ADC, cinq, dix ou même trente ans après le décès, alors qu'ils ne pensaient plus au défunt depuis longtemps, et avaient fini depuis longtemps le processus de deuil (ce qui exclut un mécanisme psychologique de défense pour nier la mort ou réduire la souffrance).

Des informations vraies, mais inconnues du sujet, peuvent être données par le défunt lors de l'ADC, puis vérifiées ultérieurement.

Lors de l'ADC, le sujet peut ne pas reconnaître le défunt, puis apprendre ultérieurement qui il était, par exemple en le reconnaissant fortuitement sur des photos de famille.

Une ADC peut se faire « par procuration », c'est-à-dire qu'une personne tierce, extérieure à la famille, reçoit une information du défunt à destination d'un membre endeuillé, information qui s'avère ensuite totalement juste après vérification auprès du destinataire du message (ex. : un défunt apparaît visuellement à une personne et lui demande d'aller prévenir Louis, habitant 33, rue du Clocher, que tout va bien pour lui – le défunt. La personne se rend à l'adresse et tombe bel et bien sur un Louis endeuillé qui reconnaît son grand-père dans la description qu'en fait la personne ayant reçu le message).

Lors d'une ADC dite « de protection », le défunt peut inciter le vivant à modifier très rapidement son comportement à cause d'un danger imminent qui l'attend, permettant effectivement en réalité à celui-ci d'échapper de justesse à un événement qui aurait mis sa vie (ou celle d'un de ses proches) en péril s'il n'avait pas suivi le conseil du défunt. Par exemple, une mère de famille peut entendre sa mère défunte lui « crier » : « Déplace le berceau de ta fille », juste avant qu'un lustre ne s'écroule dessus (et dans ce cas-là, heureusement, la mère avait agi selon les recommandations de la voix entendue).

Un défunt peut aussi insister pour que le vivant se livre à des examens médicaux en lui indiquant un cancer débutant, ce qui, une fois le conseil suivi et les examens faits, se révèle être un très bon diagnostic de la part du défunt.

Des ADC peuvent être partagées : plusieurs personnes, présentes à des endroits différents, peuvent vivre une même ADC au même moment. Elle ne peut donc pas être considérée comme une hallucination.

Mais aussi, pour bien montrer qu'il ne s'agit pas là de fantasmes, d'hallucinations, de rêveries ou de « désirs pris pour la réalité », il faut citer les phénomènes suivants.

- Certaines personnes attendent désespérément un signe de l'au-delà de la personne décédée qu'elles aiment et ne reçoivent pourtant ni signe ni vision, rien. Pour d'autres, au contraire, l'ADC survient spontanément, sans avoir été attendue ni recherchée : l'attente et l'espoir semblent ainsi avoir peu d'influence dans la survenue d'un ADC.
- Dans un tiers des cas, les ADC surviennent au moment où la personne est physiquement active, lors d'une des tâches de la vie quotidienne (on ne peut ainsi confondre l'ADC avec un rêve ou des hallucinations hypnopompiques ou hypnagogiques survenant autour de l'endormissement).

- Les gens expérimentant des ADC sont dans leur immense majorité des gens sains, ne présentant aucun facteur physique ou psychologique pouvant créer des hallucinations, et c'est pour eux la première fois qu'ils ont des visions.

- Parfois ce sont des animaux qui réagissent de manière totalement inhabituelle ou inexpliquée au moment du décès (même lorsque le décès a lieu à distance de l'animal), comme un chien qui aboie ou hurle à la mort, un chat dont les poils se dressent : on ne peut suspecter ces animaux de mettre en place des mécanismes de défense psychologique contre le deuil.

- Une hallucination est idiosyncrasique, c'est-à-dire qu'elle est vraiment différente pour chaque individu, et son contenu dépend très fortement des croyances, fantasmes, besoins, attentes, du sujet ; or le phénomène de l'ADC possède une structure et un contenu remarquablement proches chez les différents témoins en faisant l'expérience. Par exemple, tous les défunts apparaissent avec des remords ou une volonté de pardonner ; tous envoient un message du genre : « Je vais bien » ; tous expriment de l'amour inconditionnel et dégagent une impression de calme, de sérénité et de bonheur ; aucun n'est effrayant ; compte tenu des inclinaisons naturelles de l'esprit humain (surtout en cas de deuil pathologique) à être négatif, dans le jugement, la colère et la culpabilité, ce contenu très positif des messages ne peut pas être construit de toutes pièces par leur propre mental.

Pour les ADC par médiums interposés

Dans des tests en double aveugle, strictement contrôlés, dans lesquels toute possibilité de fraude ou de biais méthodologiques est éliminée, les médiums sont capables de donner des informations spécifiques et exactes à propos de personnes décédées avec qui ils communiquent, avec très peu d'erreurs (ex. : Gary Schwartz, ou Julie Beischel du Winbridge Institute). Les signes qui sont envoyés aux médiums sont suffisamment précis pour qu'il n'y ait aucun doute sur leur provenance. Par exemple, l'esprit de la personne décédée fera la description d'un bijou qu'elle portait de son vivant et dira dans quel tiroir d'un meuble il est rangé. Il donnera le nom d'un chien connu de la famille ou il conduira quelqu'un dans un endroit particulier pour trouver quelque chose de précieux. Il pourra également aider à mener à bien une enquête. Beaucoup de policiers font appel à des médiums pour résoudre des énigmes ou retrouver des cadavres cachés par des assassins. L'esprit de la victime donne ainsi des renseignements importants qui permettent de lui rendre justice. Cela se fait dans le secret car la médiumnité n'est pas encore reconnue dans nos sociétés occidentales.

Les médiums rapportent que la qualité de l'expérience lors d'une interaction directe avec les défunts est différente (bien plus vivante, avec la sensation d'une présence) de celle liée à une interaction parapsychologique (ex. : télépathie, clairvoyance) avec une personne vivante.

Quand plusieurs médiums font indépendamment et séparément une consultation pour une même personne, sans qu'ils connaissent les résultats de leurs collègues, ils obtiennent des informations étonnamment identiques[40].

Pour les vies antérieures

Les souvenirs de vie passées de plus de 2 500 enfants ont fait l'objet d'études rigoureuses à l'université de Virginie depuis 1961[41] et ont montré que les dires des enfants sur leur vie passée correspondaient étroitement aux caractéristiques de personnes mortes avant la naissance de l'enfant et retrouvées grâce aux dires de

40. Allix, 2009.

41. Stevenson, 1985, puis Tucker, 2005.

l'enfant (détails de lieux, de prénoms ou de noms, de faits précis, appartenant à la vie passée, donnés par les enfants et enregistrés, avant que des adultes n'aillent les vérifier en allant trouver les familles du défunt et découvrent que les détails donnés par l'enfant étaient vrais ; sans que l'enfant n'ait eu auparavant aucun moyen de connaître ces informations). Typiquement, l'âge de l'enfant, quand il parle la première fois de sa vie passée, est entre deux et trois ans et il n'a donc pas les moyens de prendre le train la nuit seul pour aller observer des gens dans une ville à 500 km, prendre des notes, puis inventer une histoire !

Les parties corporelles manquantes ou mutilées chez la personne correspondant à une vie antérieure (très souvent décédée en effet par mort prématurée, violente) correspondent à des défauts congénitaux chez l'enfant se rappelant une vie passée : 22 % des cas de la base de données de Stevenson ont des déficits congénitaux représentant des lésions identiques à celles ayant provoqué la mort violente dans une vie antérieure. Par exemple, un enfant peut avoir une tache cutanée congénitale sur le dos et une sur la poitrine, au même endroit que l'orifice de pénétration dans le dos, puis de sortie par la poitrine, d'une balle ayant tué la personne que l'enfant se souvient avoir été dans sa vie antérieure.

Les enfants se rappelant des « vies passée » ont, dans un tiers des cas, des phobies liées aux causes de la mort dans la vie passée (ex. : peur de l'eau si noyade dans la vie précédente), qui disparaissent assez spontanément typiquement vers l'âge de six ou sept ans, lorsque l'enfant oublie ses souvenirs de vie passée. La réincarnation est la seule hypothèse plausible qui corresponde naturellement et étroitement aux faits et circonstances des 2 500 cas ayant fait l'objet d'études et de découvertes par Stevenson et Tucker.

Pour résumer

Au vu des données précédentes, on voit bien comment l'hypothèse la plus simple, qui permet d'expliquer tous les phénomènes périmortels entrevus, est bien celle de l'indépendance de la conscience vis-à-vis du cerveau. D'un point de vue scientifique, elle devrait donc être privilégiée, et le financement de toutes les recherches actuelles sur la conscience devrait être réservé à celles permettant de tester cette hypothèse. En effet, en science, il existe un principe que l'on appelle le rasoir d'Ockham. Selon le rasoir d'Ockham, lorsque plusieurs hypothèses peuvent expliquer un phénomène, celle qui est la plus simple et qui appuie la plus grande partie des observations est jugée la plus plausible et devrait être considérée en premier. L'hypothèse de l'indépendance de la conscience et de sa non-matérialité offre l'explication la plus simple à toutes les particularités des phénomènes périmortels. En fait, toutes les hypothèses autres que celle de la survie de la conscience après la mort ont pu être invalidées et écartées les unes après les autres, à la lumière des faits précis et des recherches effectuées sur ces phénomènes périmortels.

Phénomènes périmortels (NDA, NDE, ADC, VA) : y a-t-il des faits défavorables à l'hypothèse d'une survie de la conscience après la mort ?

Non, il n'y a aucun fait. La seule objection qui pourrait être faite à cette hypothèse est d'ordre idéologique : elle ne rentre pas dans les postulats matérialistes réductionnistes des XIXe et XXe siècles, qui affirment, sans preuve, que la conscience est produite par le cerveau.

Il existe en fait deux sortes de réalité : un « monde réel » matériel fait d'objets physiques, et un « monde réel » invisible fait d'expériences personnelles intérieures, qui se déroule dans notre esprit. Les deux sont réels, mais différemment. Jusqu'à peu, la vision de la science de ces trois cents dernières années était que seule la réalité physique était la « réelle » réalité. Le reste était mis de côté comme étant une illusion. Dire : « Ce n'est que dans ta tête » voulait dire que « cela » est non seulement pas réel mais aussi sans importance. C'est bien sûr absurde. Est-ce que l'amour que l'on porte à quelqu'un est moins réel que le fait de se briser le pouce avec une pierre ? Une NDE est un événement vécu réel dans la vie de l'individu qui l'a expérimentée.

Comment décidons-nous de ce qui est authentique lorsque l'on a affaire à un témoignage humain ? Quelle est la discipline scientifique qui explorerait les récits d'expériences humaines ? Sur quelle base, selon quelle méthodologie décidons-nous de créditer tel rapport et pas tel autre ? Nous devons développer une méthodologie propre lorsque nous travaillons sur la base de témoignages. Il est anormal qu'une expérience particulière soit considérée comme imaginaire, mensongère ou insensée, non pas en raison de ses caractéristiques propres, mais parce qu'elle entre en conflit avec ce que notre société, comme nous-mêmes, considère comme étant possible ou réel ! Ce que rapportent les expérienceurs n'est pas censé être possible. Et alors ! Est-ce cela qui doit arrêter définitivement notre jugement ? Ne devrions-nous pas plutôt reconnaître que la définition de ce qui est possible est une question de vision du monde, avant de remettre en doute, sans aucun examen, arbitrairement, les témoignages de tant de personnes ? La culture décide de ce qui est réel. La vision du monde que nous avons est arbitraire, et mon expérience de médecin me pousse à croire mes patients. La vision du monde matérialiste ne tient pas cliniquement. Elle n'est pas basée sur une connaissance inamovible et établie, mais repose sur des lois qui ne sont que des émanations de la structure scientifique actuelle. Cette vision du monde englobe si peu de chose et se montre tellement incapable d'appréhender la nature de la réalité que nous observons.

Et Dieu dans tout ça ?

La mort, l'âme, l'au-delà : ce sont là bien des sujets qui vont amener nos enfants à nous poser la question : pourquoi et « qui » est responsable de cela ? En parlant de « Dieu » aux enfants, il n'est pas nécessaire d'évoquer celui qui est décrit par une religion particulière ; on va plutôt parler du créateur, du grand architecte qui a bâti le monde dans lequel on vit. Comme le souligne Charbonier, notre univers ne peut être le fruit d'un simple hasard. De grands scientifiques comme Newton ou Einstein ont fait cette même analyse. Lynn McTaggart[42]

---

42. Dans son ouvrage *Le Champ de la cohérence universelle*, Éditions Ariane, 2005.

nous rappelle que les travaux des pionniers de la science actuelle laissent supposer qu'il existe une intelligence décentralisée mais unifiée beaucoup plus grandiose et sublime que Darwin ou Newton ne l'avaient imaginée. Et qu'il s'agit d'un processus ni aléatoire ni chaotique, mais bel et bien conscient et orienté vers un but. En somme, l'ordre triomphe dans le flux dynamique de la vie. Plus récemment, le professeur Gary Schwartz a synthétisé les faits amenant à poser comme nécessaire l'existence d'une conscience à l'œuvre de manière intelligente dans l'univers. Schwartz, dans son livre *The GOD Experiments*, montre qu'il y a de très fortes raisons de penser qu'au-delà de ce que nous vivons comme étant de la matière, de l'énergie, et même de l'information, se trouve l'existence d'une intelligence consciente qui infiltre tout, une intelligence « matrice » de tout l'univers. C'est le devoir de la science d'aller au-delà du tabou, et d'explorer expérimentalement la notion d'intelligence spirituelle[43].

Gary Schwartz, pour synthétiser les qualités de ce processus intelligent animant l'univers, utilise l'acronyme GOD. (*God* veut dire « Dieu » en anglais) : G pour *Guiding*, force qui guide, O pour *Organizing*, conscience qui organise, et D pour *Designing*, esprit qui crée, dans une

43. Schwartz, 2006.

intention précise. Schwartz montre qu'il est possible d'observer scientifiquement la présence de sens, d'intelligence, d'ordre et d'évolution dans l'univers. La théorie d'un univers créé par le hasard et la sélection naturelle ne marche pas pour rendre compte de l'ordre complexe présent dans l'univers. Cet ordre est bien mieux expliqué par l'hypothèse de l'existence d'un « plan intelligent évolutif », d'un « plan intelligent créatif ». La présence d'un ordre complexe et évolutif dans l'univers implique, dans le langage de la physique, l'existence d'un « champ » universel qui fonctionne comme un processus formateur et fournit une direction intelligente à l'univers. Ce champ universel est doté de conscience, et, en conséquence, il infuse la conscience à tous les niveaux de l'univers. Les livres de Dean Radin[44] *The Conscious Universe* et celui de William Tiller *Conscious Acts of Creation* soutiennent cette thèse et, par leurs conclusions venant de la physique et de la parapsychologie, fournissent eux aussi des bases empiriques pour valider l'existence d'un processus intelligent et évolutif, aux qualités de GOD, à tous les niveaux de la nature.

Schwartz indique qu'il est possible et même indispensable de contacter ce champ

44. Dean Radin, docteur en psychologie, ingénieur, est considéré comme l'un des meilleurs spécialistes mondiaux dans le domaine de la parapsychologie.

d'intelligence universel (GOD), présent constamment tout autour de nous, pour lui demander conseil et aide, pour la guérison et la transformation de nous-mêmes et du monde. C'est un peu, comme pour les chamans, demander conseil au Grand Esprit. Voilà ce que propose Schwartz, à partir de la constatation de l'existence de ce GOD : « Quand nous acceptons l'évidence de l'existence d'un "plan intelligent évolutif", présent dans toute chose, nous trouvons une excellente raison pour que les soignants prient pour leurs patients et s'ouvrent à l'idée de recevoir conseil et assistance de cette intelligence supérieure [...]. » Le processus de soin peut alors être conçu comme une route à trois voies entre le patient, le soignant et « GOD ». Voici les évidences dégagées par Schwartz en faveur d'un GOD :

- L'ordre est la règle dans l'univers.
- Les niveaux de coïncidences et de synchronicités observés dans la vie quotidienne impliquent l'existence d'une coordination et d'une orchestration extraordinaire dans la vie.
- Les probabilités que cet ordre extraordinaire soit lié uniquement au hasard sont infinitésimales, statistiquement parlant.
- Des expériences simples à reproduire (KISS – *Keep It Simple Science*) ne soutiennent pas

l'hypothèse d'un univers créé par le hasard comme valable (des chemises ne se plient pas toutes seules quand on les jette en l'air, même en répétant cela un nombre quasi infini de fois, sans l'intention d'un « plieur » ; avec un ordinateur, si on fait un tirage dit « aléatoire », avec le hasard, sans GOD, on obtient uniquement des distributions « en cloche » et pas des motifs élaborés, particuliers, créant une structure d'information nouvelle).

- L'univers ne possède pas les conditions indispensables à l'émergence du hasard : du fait des champs reliant toute chose, rien ne satisfait aux conditions d'indépendance nécessaires aux distributions aléatoires.
- L'existence d'un processus GOD intelligent et procédant par essais et erreurs est nécessaire pour expliquer ces cinq premiers points.
- L'univers répond parfois à nos questions : le processus GOD est accessible à nos esprits humains et peut être impliqué dans les recherches en laboratoire.
- Le principe d'Ockham choisit l'explication la plus simple qui non seulement rend compte du plus large éventail des données, mais aussi permet la formulation de nouvelles prédictions qui peuvent être confirmées ou

invalidées par la recherche future. Quand on applique le rasoir d'Ockham à la totalité des évidences factuelles, cela implique l'existence du processus GOD.

Voici donc, finalement, le changement de paradigme (de façon de concevoir l'univers) que cela implique :

- L'ordre est la règle dans l'univers, et le désordre est une forme particulière d'ordre, trop complexe pour que nous le comprenions au moment présent.
- L'interconnexion totale : tout ce que nous faisons, y compris ce que nous pensons, prend place à l'intérieur d'une « toile d'araignée » d'interdépendance et d'intrication.
- L'intelligence est la règle dans l'univers, et même les photons et électrons peuvent avoir une proto-intelligence (voir le travail d'Emmanuel Ransford[45]).
- La conscience est la règle dans l'univers.
- Tout évolue, y compris les lois physiques, et celles-ci reflètent des principes et processus créés intelligemment.

---

45. Ransford, 2013.

Les personnes ayant vécu une expérience de mort imminente parlent de l'harmonie infiniment sensée de la marche du monde et de l'univers. Là où nous constatons souffrance, destruction et haine, elles y voient sens et amour. Lors de leur EMI, elles disent avoir bénéficié d'une nouvelle perspective qui leur a permis de comprendre le sens et l'importance de la vie. Elles ont acquis la certitude de faire partie d'un ensemble universel harmonieux et d'appartenir à une logique cosmique. Elles ont fait l'expérience de GOD !

Annexe 3 : Quelques arguments « éclairs » pour répondre aux détracteurs sur la réalité des PPM (dont les EMI)

Malgré toutes les données rassemblées dans l'annexe 2, vous trouverez toujours des matérialistes prêts à un combat d'arrière-garde, ne voulant pas lâcher la croyance que le cerveau crée la conscience comme le foie crée la bile. Ceux-ci vos objecteront que les expériences de mort imminente ou les autres PPM peuvent très bien s'expliquer par des facteurs biologiques et/ou psychologiques, et n'impliquent donc en rien le fait qu'il existe bel et bien une conscience indépendante du cerveau. Leurs objections sont toujours les mêmes, répétées de si nombreuses fois, malgré toutes les réponses qu'on a déjà pu leur apporter montrant qu'elles sont fausses. Voici quelques « fiches » de réponse aux critiques stéréotypés des « sceptiques et zététiciens professionnels ».

La revue de vie de l'EMI n'est qu'un *flash* de mémoire qui se libère à la mort

- Cela n'explique pas la lumière.
- Cela n'explique pas l'apparition de choses ou de gens (ex. : parents défunts inconnus du sujet auparavant) que la personne n'avait pas connus donc pas mémorisés.

- Cela n'explique pas les précognitions qui s'y font et qui s'avèrent justes dans le futur.
- Ce n'est pas que de la mémoire habituelle : le sujet est à la fois observateur et participant, il est en hyper-empathie et télépathie vis-à-vis de tous les protagonistes.
- Et la revue de vie partagée dans les EMP ? Quand le témoin voit la revue de vie du mourant et y apprend des détails de la vie de ce dernier qu'il ignorait ?

Les visions des PPM sont des hallucinations

- Les faits peuvent être confirmés (ex. : visions en OBE).
- Les faits peuvent être partagés (EMP).
- Même structure cohérente et universelle dans le monde entier.
- C'est thérapeutique et ça change la vie en bien.
- Le cerveau ne fonctionne plus à ce moment-là.
- Eben Alexander a bien connu la « psychose de l'unité de soins intensifs », état de rêve paranoïaque très différent de ce qu'il avait

vécu comme une ultra-réalité dans son coma profond.

C'est lié au fonctionnement d'un cerveau mourant ou souffrant

- Pas pour les EMP et les ADC, qui surviennent chez des sujets sains.
- Non, car les PPM peuvent être obtenus dans des états d'hyper-conscience hors de la mort ou de la souffrance cérébrale (lors d'états de « conscience quantique »).
- Non, car la conscience, les perceptions, les compréhensions, les émotions, la mémorisation sont bien meilleures qu'avec le cerveau « normal ».
- Après une EMI, les gens deviennent plus intelligents et développent certaines capacités cognitives supérieures (Morse[46]) : donc si l'on écoutait les matérialistes, il faudrait mettre le cerveau en souffrance pour rendre les gens plus intelligents. Absurde ! Si le cerveau crée la conscience, et si, quand il dysfonctionne, la conscience est meilleure, cela revient à

46. *Closer to the Light*, 1991 ; *La Divine Connexion*, 2002 ; *Le Contact divin*, 2009.

dire que quand un moteur fonctionne mal, la voiture avance plus vite et mieux...

– La lumière des NDE n'apparaît jamais comme un *flash* lumineux qui s'estompe peu à peu comme c'est le cas lors de la vision d'un point lumineux induite par un lobe occipital mal perfusé[47] ; dans les EMP, les témoins, sains d'esprit et de corps, voient la lumière mystique qui « dure longtemps et même perdure lorsqu'elle a disparu » (Moody, *Paranormal*[48]), ce qui contredit la thèse matérialiste selon laquelle celle qui est perçue dans une NDE relèverait d'un court-circuit cérébral.

C'est un mécanisme de défense

– Non, car si la conscience dépend du cerveau, comme les matérialistes le croient, là, le cerveau ne fonctionne plus (voir les cas de Pamela Reynolds ou Eben Alexander en annexe 2) et donc le psychisme et ses mécanisme de défense non plus.

– Un système de défense aussi élaboré n'a pas le temps de se développer lors d'une mort

47. Charbonier, 2013, p. 36.

48. Moody R., *Paranormal*, Laffont, 2012.

brutale inattendue (ex. : accident de la route, balle égarée).

– Certaines NDE sont très négatives, et lors des revues de vie des NDE positives, il y a des réalisations et émotions qui peuvent être douloureuses et dérangeantes pour l'*ego* !

C'est lié à des médicaments hallucinogènes ou confusiogènes

– Non : toutes les PPM (NDE, NDA, ADC EMP) sont indépendantes de la présence ou de la quantité de ces médicaments : elles peuvent intervenir de manière identique, qu'il y ait eu ou non absorption de ces médicaments par les patients.

– Parfois même, au contraire, la présence de tels médicaments rend moins fréquente l'apparition de ces PPM (la NDA par exemple).

– Dans les services de suite post-opératoire, les gens non mourants ont les mêmes médicaments que ceux ayant vécu des NDA, mais ne font pas de NDA.

C'est lié à de l'hypoxie (manque d'oxygène dans le sang)

- Dans des accidents ou des chirurgies où l'individu est bien oxygéné, certains individus ont pourtant une NDE.
- Les hallucinations que provoquerait l'hypoxie génèrent la confusion, la peur, les trous de mémoire et une élocution embrouillée. Rien à voir avec le vécu structuré et précis des EMI.
- Et puis comment expliquer les très spectaculaires expériences de mort partagée proches des EMI qui sont vécues par des cerveaux en parfait état de marche ?

C'est lié à trop de gaz carbonique dans le sang

- La baisse brutale d'oxygénation du cerveau coïncide avec une forte production de gaz carbonique, qui a la réputation de provoquer des « visions ». Toutefois, lors d'un arrêt cardiaque, le niveau de gaz carbonique est toujours élevé, mais seulement 10 à 20 % des victimes vivent une EMI : pourquoi pas les autres ?
- Même s'il existe parfois une corrélation entre les expériences d'EMI et le taux de gaz

carbonique, ce n'est qu'une corrélation, pas un lien causal. Il est possible que plus on est proche de la mort, plus il y ait de gaz carbonique dans le sang et, en même temps qu'il y ait plus de chances de faire un EMI ; mais cela ne veut pas dire que le gaz carbonique crée l'EMI, c'est le processus du mourir qui peut être responsable des deux en même temps.

C'est lié à la DMT (diméthyl-tryptamine, substance « hallucinogène » ou plutôt « visionnaire », contenue dans le cerveau)

– Non, car les gens ayant fait à la fois l'expérience d'une NDE et ayant pris de la DMT synthétique disent bien que les deux expériences n'ont rien à voir entre elles.

– Le célèbre chirurgien Eben Alexander, dans son livre *Les Preuves du paradis*, raconte comment il a fait une EMI avec un cerveau absolument hors d'état de marche, ce qui montre que la conscience n'est pas produite par le cerveau et que l'EMI n'est pas produite par la DMT, qui ne pourrait pas agir sur un cerveau éteint et hors d'usage… L'extravagante ultra-réalité de son expérience aurait requis un cortex auditif et visuel intact puisqu'il s'agit des régions cibles permettant de générer une expérience audiovisuelle intense comme celle qu'il a eue dans le coma. Le coma prolongé dû à la méningite bactérienne avait gravement endommagé son néocortex, qui est l'endroit où la DMT devrait produire des effets en termes d'expériences visuelle/auditive ; mais son cortex était éteint et la DMT n'avait donc pas d'endroit pour agir dans le cerveau. L'hypothèse DMT échoue sur la base de l'ultra-réalité de l'expérience audiovisuelle et de l'absence de cortex intact sur lequel agir.

– Chez la soixantaine de volontaires dans l'étude de l'effet de la DMT sur des sujets sains, réalisée par le psychiatre américain Rick Strassman[49], seuls deux avaient eu une expérience approchant imparfaitement une NDE.

Les sorties hors du corps sont dues à des décharges épileptogènes ou des stimulations dans une certaine zone du cerveau, comme l'a montré Olaf Blanke

– Les sorties hors du corps décrites par Blanke n'étaient que partielles, atypiques et

49. Strassman R., *DMT, la molécule de l'esprit*, Éditions Exergue, 2005.

incomplètes, comme l'impression de ne voir que la partie inférieure de son corps.

- Pour ce que nous en savons, aucun des milliers d'épileptiques dont le cerveau a été stimulé de par le monde n'a subi une véritable décorporation[50].

- Les expériences corporelles anormales décrites par Blanke et ses collègues impliquent une appréhension fausse de la réalité et sont surtout des autoscopies (le patient voit son double depuis un point de vue situé dans son propre corps) ; les sorties hors du corps typiques des EMI, à l'inverse, impliquent des perceptions vérifiables, depuis une position supérieure ou extérieure au corps, des événements reliés à la réanimation ou l'accident, ainsi qu'aux environs.

Ce n'est qu'un rêve

- Il est vrai qu'il existe des similarités entre les rêves et les NDE. Ils se déroulent au cours d'états modifiés de conscience et comportent de l'imagerie visuelle complexe, du langage symbolique et des structures du domaine imaginal. Ils peuvent être étudiés et explorés au niveau de leur signification, en utilisant les

50. Van Lommel, 2012.

mêmes techniques de travail. Cependant, il existe aussi des différences majeures.

- Les rêves ne partagent pas une structure identique entre les rêveurs du monde entier, ils sont idiosyncrasiques.
- De plus, les rêves ne sont habituellement pas mémorisés de manière aussi entière, cohérente et durable, sauf dans le cas rare des « grands rêves », mais, même alors, ils ne transforment pas la vie comme le font les NDE.
- En outre, les NDE incluent des éléments transcendants – un sentiment très fort d'être allé au-delà des frontières du monde matériel et d'avoir acquis la connaissance d'une autre réalité.
- Même si l'on voulait bien y voir des ressemblances avec certains symboles des rêves, ce ne serait pas un rêve uniquement de l'inconscient individuel, plutôt un rêve de « l'inconscient collectif » de Jung, traversé par les archétypes structurant l'âme : descente aux enfers puis montée au paradis, ou bien face sombre de l'archétype (NDE négative[51])

51. Les NDE négatives, c'est-à-dire donnant lieu à des expériences « infernales » sont rares (5 à 10 % des NDE) et s'avèrent pour la plupart, à distance de

puis face « dorée » de l'archétype (NDE positive : rencontre de l'« être de lumière » par exemple), comme ce que l'on retrouve lors de la consommation de psychédéliques qui ouvrent la conscience au monde transcendantal.

Ce ne sont que des croyances

- Affirmer cela est aussi une croyance, que l'on appelle « idéologie matérialiste ».
- Les études scientifiques de ces trente-cinq dernières années accréditent scientifiquement le fait que la conscience est indépendante du cerveau et que les défunts communiquent avec les vivants.
- Concernant l'existence de l'âme, de grands savants ont dit : « Je ne crois pas, je sais » (Jung, Kübler-Ross).

---

quelques mois ou années après la NDE, comme une expérience finalement utile pour l'évolution de la conscience et le rapprochement d'avec l'âme. Nancy Evans Bush a beaucoup étudié ces NDE négatives dans son livre *Dancing past the Dark*, Parson's Porch Books, 2012 (voir notamment les pages 203 à 207).

Personne ne sait : quand on est vraiment mort, on ne peut pas venir le raconter

- Par rapport aux EMI, on ne sait en effet pas si l'on est vraiment mort, mais on sait que si le cerveau arrête de fonctionner (comme lors de la mort), la conscience continue d'exister, et existe même encore plus intensément.
- Bien sûr que si, les morts racontent ! Les ADC par médiums ont été validés scientifiquement en laboratoire (Beischel ; Schwartz[52]) ; ils nous parlent de leur mort et de leur vie d'après, nous conseillent, nous réconfortent, nous avertissent, etc. (voir aussi la transcommunication instrumentale et les travaux du père Brune[53], l'IADC par EMDR et Botkin[54], etc.).
- Et quand on a vraiment voyagé dans un pays, si on peut revenir raconter ce qu'on a vu, c'est qu'on n'est pas allé dans ce pays ?

---

52. Schwartz G., *Extraordinaires contacts avec l'au-delà. Découvertes scientifiques décisives sur la vie après la mort*, Labussière, 2006. Beischel J., Schwartz G., « *Anomalous information reception by research mediums demonstrated using a novel triple-blind protocol* », *Explore: The Journal of Science and Healing*, 2007, 3, 1: 23-27. Beischel J., « *Contemporary methods used in laboratory-based mediumship research* », *The Journal of Parapsychology*, 2007, 37-68.

53. Brune, 2009.

54. Botkin A., *La Communication induite après la mort*, Guy Trédaniel Éditeur, 2014

Oui, mais ces choses-là sont rares !

– Rares ? Les NDA concernent entre 30 et 50 % des agonisants ; les ADC, 25 % des gens ou 50 % des veufs ou veuves ; les NDE, 10 % de la population.

On ne peut pas prouver définitivement la survie de l'âme

– Non, mais en science on ne peut de toute façon rien prouver définitivement : on ne peut qu'essayer de valider momentanément des hypothèses.

– On ne peut pas prouver définitivement que c'est faux non plus car la science aristotélicienne n'a pas les outils nécessaires pour prouver ou non la survie de la conscience.

– La survie de la conscience est une hypothèse bien plus probable scientifiquement et soutenue par les faits que l'hypothèse de l'anéantissement de la conscience.

– C'est donc un « turbo pari de Pascal », très judicieux au niveau avantages/inconvénients et au niveau du pourcentage de risque !

– C'est prouvé en tolérant l'existence d'un « doute raisonnable[55] ».

– Comment prouve-t-on qu'un sujet est coupable d'un crime sans qu'il y ait un témoin direct et sur quoi se base-t-on pour une décision aussi grave qu'une inculpation ?

On peut tout expliquer par des facteurs biologiques (ex. : lumière et extinction des neurones oculaires-OBE et stimulation d'une aire cérébrale, etc.)

– Oui, on peut prendre des « pièces détachées » de la NDE et trouver des approximations biologiques qui leur ressemblent ; mais parle-t-on vraiment de NDE à ce moment-là ? Peut-on comprendre le fonctionnement et reconnaître l'existence d'une structure vivante lorsqu'on la découpe en petits bouts et qu'on essaie de la réduire à du déjà connu ?

– Prenons l'exemple d'une époque où la voiture n'existait pas ; on présente au public scientifique la première voiture inventée recouverte d'une bâche : si on soulève la bâche au niveau du tuyau d'échappement, on dira : « La voiture

55. Voir l'histoire du « mari ayant peur d'être cocu », *in* Chambon et Belvie, 2012, p. 55-56.

n'existe pas, ce n'est qu'un bout de tuyau, on connaît déjà cela » ; si on fait de même avec toutes les parties de la voiture, on dira : « Ce que l'on appelle une voiture n'est qu'une collection d'objets déjà connus, donc rien de neuf » ; mais si, miracle, on découvre entièrement la voiture, on la met en route, alors là on voit que quelque chose de différent et de nouveau existe, où la somme est bien plus que ses parties séparées…

– Les scientifiques matérialistes sont comme les aveugles de l'histoire avec l'éléphant : chaque aveugle ne touche qu'une partie de l'éléphant et fait des généralisations abusives pour définir l'éléphant ; ainsi, celui qui lui a touché la patte dit de l'éléphant que ce n'est qu'un tronc d'arbre, celui qui a touché ses oreilles dit que ce n'est qu'une grande feuille de palme, et celui qui a touché sa queue dit que ce n'est qu'un fouet.

– Avec les PPM, les matérialistes font pareil, ils se contentent d'une vue partielle de la NDE, de son découpage en petits bouts, et d'approximations grossières. Prenons l'exemple de la lumière perçue dans les NDE : les matérialistes disent qu'elle est produite par les neurones qui s'éteignent et créent auparavant une lumière, mais cela devrait alors donner l'apparence d'une ampoule qui s'allume une dernière fois avant de s'éteindre, et cela n'a donc rien à voir avec la lumière grandissante, puissante, continue et pleine d'amour décrite dans les NDE. C'est un peu comme dans l'histoire du mari qui pense être cocu : si l'on prend juste des extraits de l'histoire, on peut toujours leur trouver des interprétations différentes, mais si on prend l'ensemble dans toute sa précision, on voit qu'il est sûr que sa femme le trompe. Il est difficile de dire « cruelle incertitude »...

TABLE DES MATIÈRES

Composition : Soft Office (38)

Achevé d'imprimer en octobre 2015
sur les presses de la **N**ouvelle **I**mprimerie **L**aballery
58500 Clamecy
Dépôt légal : octobre 2015
N° d'impression : 510115

Imprimé en France

La **N**ouvelle **I**mprimerie **L**aballery est titulaire de la marque Imprim'Vert®